U0540596

编委会

主　编　赵瑞罡
副主编　孙铭溪　颜　君
编　务　赵　琪
执笔人　毛春联　王红霞　刘莹赵琪
　　　　　张亚光　张　圆　张明杨　高　雅

以法治之光守护未来

根据共青团中央维护青少年权益部、中国互联网络信息中心于2023年12月发布的《第5次全国未成年人互联网使用情况调查报告》，我国未成年人用网普及率达到97.2%，基本达到饱和状态。未成年人用网具有低龄化、普及化等特征，互联网丰富的内容极大地开阔了未成年人视野，给未成年人的生活、学习带来了便捷的体验，同时也给未成年人的健康成长带来了诸多风险挑战，双刃剑特性尽显。

党和国家高度重视未成年人网络保护工作。习近平总书记指出，我们要本着对社会负责、对人民负责的态度，依法加强网络空间治理，加强网络内容建设，为广大网民特别是青少年营造一个风清气正的网络空间。为全面贯彻落实习近平总书记关于少年儿童工作重要指示批示精神，北京互联网法院于2021年5月挂牌全国首个互联网少年法庭，立足时代背景，受理涉网未成年人民商事案件，案件类型涉及隐私和个人信息受侵害、网络沉迷、网络欺凌、网络非理性消费等。案件集中反映出当下未成年人网络素养存在一定的不足，提升未成年人网络素养教育水平迫在眉睫。

作为北京市首批法治宣传教育示范基地，北京互联网法院在审理涉未成年人案件的同时，着力加强青少年网络素养。搭建全国法院首个线上家庭教育指导平台，落实《家庭教育促进法》的家庭教育指导要求。多次开展突出互联网特色的公开日活动，邀请200余人次中小学生走进法院，感受互联网司法前沿，接受网络素养及法治教育。建立覆盖全院范围的法治副校长人才库，开展"首互未来·e堂课"活动，通过入校宣讲、观摩实训、视频录制等活动形式向学生、家长等不同人群提供菜单式定制化普法服务，网络法治素养课覆盖北京市十六区的中小学校，并辐射承德、大理等地区。在中学挂牌"网络法治素养教育基地校"，与北京师范大学合作开发"网络素养课程包"，为学校提供系统化网络素养教育课程。连续召开新闻发布会，发布未成年人网络失范问题报告及未成年人网络司法保护情况。与共青团中央维护青少年权益部、中国少年儿童新闻出版总社、人民法院报等合作开展直播活动，创作"首互未来"微课堂、微剧场、微漫画等文化产品，受到广泛关注和好评。

2023年10月，《未成年人网络保护条例》公布，自2024年1月1日起正式施行。北京互联网法院结合该条例内容和丰富的审判实践，凝聚全院未成年人案件审判骨干力量，特编辑出版这本包含漫画、案例和问答的适合未成年人及家长阅读的未成年人网络保护图书，以期进一步提升未成年人及家长的网络素养，加强未成年人网络保护，以法治之光守护未来。

目录

▶▶ 第一章 规范网络信息，净化网络生态环境

漫画解法 002

    1. "少儿不宜"慎传播　措施不当要担责 002

        ——向未成年人提供"软色情漫画"违背公序良俗

    2. 免费福利陷阱多　安全意识要提升 006

        ——网络平台对侵害未成年人权益的行为应采取有效措施

案例讲法 010

    1. 赵某与某科技公司网络侵权责任纠纷案 010

        ——未成年人遭遇网络诈骗应当及时向平台发送侵权通知

    2. 孙某涉嫌强奸、猥亵案 012

        ——"隔空猥亵"未成年人构成刑事犯罪

问答说法 014

    1. 什么样的网络信息内容不适合未成年人？ 014

2. 接触"少儿不宜"的内容，会对未成年人造成什么负面影响？ 015

3. 未成年人充值观看"少儿不宜"的内容，家长可以要求返还充值金额吗？ 016

4. 转发未经核实的虚假信息违法吗？会有什么样的法律后果？ 017

5. 举报"少儿不宜"内容的正确"打开方式"是什么？ 018

▶▶ 第二章　保护个人信息，维护网络空间安全

漫画解法 022

1. 发布视频须谨慎　擅自发布要担责 022
   ——擅自发布未成年人就医视频导致未成年人遭受网友谩骂，构成侵权

2. "好心"不能"办坏事"　儿童权益放第一 026
   ——舆论监督应注意优先保护未成年人权益

案例讲法 030

1. 李某1、李某2与周某、吴某、郑某网络侵权责任纠纷案 030
   ——未经同意擅自在互联网发布包含未成年人肖像的视频构成侵权

2. 某市人民检察院诉某科技公司侵害未成年人个人信息民事公益诉讼案 033
   ——信息处理者未对儿童个人信息建立专门保护池和采取加密存储措施，应认定为违规存储儿童个人信息

问答说法 037

 1. 未成年人享有哪些个人信息权益？ 037

 2. 常见的侵害未成年人个人信息的行为有哪些？ 037

 3. 如果个人信息遭遇泄露、不当利用，可能会带来哪些危害？如何保护自身权益？ 038

 4. 哪些行为会侵害他人的肖像权？如何保护未成年人的肖像权？ 038

 5. 哪些行为会侵害他人的隐私权？如何保护未成年人的隐私权？ 040

 6. 未成年人注册并使用网络账号需要注意什么？ 042

 7. 未成年人的监护人应当如何应对未成年人个人信息被泄露、不当利用等情况？ 043

▶▶ 第三章　防范网络欺凌，营造清朗网络环境

漫画解法 048

 1. 少年追星要理智　网络并非法外地 048

  ——在网络空间对他人实施网络暴力构成侵权

 2. 面对纠纷需冷静　网暴他人不可取 052

  ——家长处理子女校园纠纷时在微信群辱骂未成年人构成侵权

案例讲法 056

 1. 王某诉冯某等网络侵权责任纠纷案 056

  ——未成年人实施网络欺凌，可以在与其年龄、智力和精神健康状况相适应的情形下承担部分侵权责任

2. 卫某诉蒋某侵害名誉权案 059
　　——成年人之间发生纠纷不应侵害未成年人的合法权益

问答说法 061

1. 家长如何帮助未成年人免受网络欺凌侵害？ 061
2. 未成年人遭遇网络欺凌应该如何维权？ 061
3. 未成年人参与追星，在网络上通过跟帖评论、群聊、转发等方式贬低娱乐明星是否应当承担责任？ 063
4. 未成年人在网络上侵害他人合法权益，是否需要承担法律责任？ 064
5. 在网络上发表针对未成年人的评论应当注意什么？ 065

▶▶ 第四章　防止网络沉迷，呵护少年健康成长

漫画解法 068

1. 家长监护应上心　屡次充值需防范 068
　　——首次退款后，监护人未尽监护职责导致未成年人再次充值的，二次退款比例应当酌情降低
2. 账号实名需守信　冒用身份系违规 072
　　——未成年人冒用成年人身份信息注册游戏账号属违规行为

案例讲法 076

1. 沈某诉某科技公司网络服务合同纠纷案 076
　　——未成年人模式形同虚设，"连麦"软件存在过错应担责

2. 韩某诉某科技公司网络服务合同纠纷案 079

　　——未成年人沉迷网络观看直播，法院发送司法建议推动
　　直播平台完善未成年人保护机制

问答说法 081

1. 生活中哪些情形属于网络沉迷？ 081
2. 沉迷网络有什么危害？ 082
3. 家长应该如何管理好家中的电子设备？ 083
4. 家长可以采取哪些措施预防孩子网络沉迷？ 084
5. 什么是"未成年人模式"？ 085
6. 购买成年人游戏账号"代充值"有哪些风险？ 086
7. 发现网络软件诱导未成年人沉迷网络，可以向哪些机构
　　反映？ 088

▶▶ 第五章　理性网络消费，避免家庭经济损失

漫画解法 090

1. 网络世界迷人眼　清醒认识最关键 090

　　——直播欺骗未成年人打赏系违法行为

2. 大额充值有危害　监护责任放心上 094

　　——家长未及时发现未成年人大额充值，应在未尽到
　　监管义务的范围内承担相应责任

案例讲法 097

1. 杨某与某科技公司、朱某网络充值打赏案 097

　　——主播以"网恋"为手段诱导未成年人打赏需要承担相应责任

2. 秦某等诉尤某、某科技公司信息网络买卖合同纠纷案 099

　　　　——未成年人开设网店超越其年龄、智力、经济情况所适

　　　　　应的范围，订立的买卖合同无效

问答说法 101

　　1. 未成年人可以开设网店吗？ 101

　　2. 未成年人大额充值打赏，可以要求返还充值打赏金

　　　额吗？ 102

　　3. 针对未成年人的电信网络诈骗主要有哪些形式？ 103

　　4. 未成年人遭遇网络诈骗应该怎么办？ 105

　　5. 未成年人如何防范网络诈骗？ 106

　　6. 未成年人如何远离"帮信罪"？ 106

▶▶第六章　提升网络素养，增强家庭用网能力

漫画解法 110

　　1. 网络消费有限度　大额支出父母定 110

　　　　——未成年人网购大额商品未经追认，购买行为不生效

　　2. 直播打赏一时爽　爸妈发现泪两行 114

　　　　——父母和网络平台都应采取有效措施预防未成年人大

　　　　　额打赏

案例讲法 118

　　1. 许某诉某公司网络服务合同纠纷案 118

　　　　——搭建全国法院首个线上家庭教育平台，开展家庭教

　　　　　育指导

2. 何某诉某公司网络服务合同纠纷案 121

　　——法官联合调解员为留守儿童开展线上家庭教育指导

问答说法 123

　　1. 什么是未成年人网络素养？ 123

　　2. 如何开展未成年人网络素养培育的工作？ 124

　　3. 提升未成年人用网能力，学校和家庭应该做什么？ 125

　　4. 在什么情况下法院会向家长发送家庭教育指导令？

　　　 家长收到家庭教育指导令后该怎么做？ 127

　　5. 对于未成年人网络权益保护，互联网平台服务提供者应

　　　 当履行哪些义务？ 128

　　6. 提升用网能力，未成年人自身应当做什么？ 129

▶▶ 附录

　　未成年人网络保护条例 131

　　（2023 年 10 月 16 日公布）

第一章

规范网络信息,净化网络生态环境

漫画解法

1. "少儿不宜"慎传播　措施不当要担责
——向未成年人提供"软色情漫画"违背公序良俗

裁判结果

法院经审理认为，被告发布的漫画含有影响未成年人身心健康的内容，该内容又缺乏显著提示，因此原告与被告之间订立的网络服务合同因违背公序良俗而无效。最终法院判决被告返还原告的充值款项，剩余的虚拟币由被告收回处理。

法律依据

《中华人民共和国民法典》

第八条　民事主体从事民事活动，不得违反法律，不得违背公序良俗。

第一百五十三条第二款　违背公序良俗的民事法律行为无效。

法官解说

不同年龄阶段的未成年人的心智成熟程度不同，本案原告尚未满14周岁，生理和心理上均不成熟，正处于"拔节孕穗期"，成熟的价值观及是非辨别能力尚未形成，在网络环境中易受不良信息侵蚀，应给予特殊保护。强化未成年人的网络保护，为未成年人提供安全、健康的网络环境，并非一家之力即可实现，而需要全社会共同承担起责任。被告作为提供网络文化产品的平台，应当在保护未成年人个人信息的基础上，探索建立未成年人用户的识别机制，针对未成年人用户优化产品设计，对产品中含有的可能影响未成年人身心健康的信息，在信息展示前予以显著提示，积极采取有效措施进一步加强内容生态治理，培育向上向善文化。强化对未成年人的保护，让未成年人健康地成长，是全社会共同追求的目标。对未成年人的保护体现了社会对幼者的爱护，是中华民族传统美德和社会善良风俗的重要体现。

2. 免费福利陷阱多　安全意识要提升
——网络平台对侵害未成年人权益的行为应采取有效措施

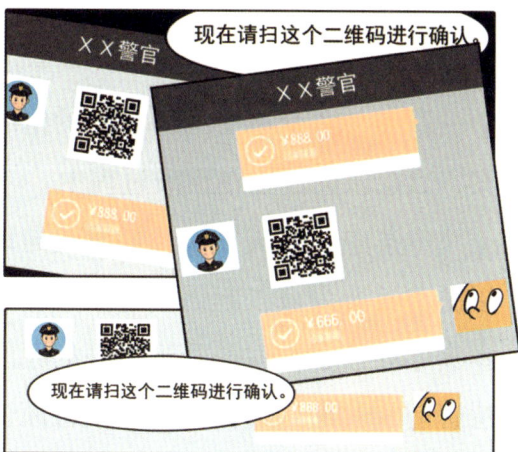

裁判结果

原告已经就遭受网络诈骗的情况报警，公安机关予以刑事立案，目前该案件正在侦破过程中。

本案中，未成年人受到诱骗向诈骗人员转账，未成年人父母以游戏平台为被告起诉到北京互联网法院要求赔偿损失。但是，本案中导致家长财产受到损失的原因是孩子被他人欺骗诱导，无法证明游戏平台直接实施了侵害原告财产的行为。北京互联网法院依法驳回原告的诉讼请求。在本案的审理过程中，被告表示已经对涉嫌存在诈骗行为的涉案账号采取了相关措施，并愿意配合公安机关对相关账号的情况开展调查。

法律依据

《中华人民共和国刑法》

第二百六十六条　诈骗公私财物，数额较大的，处三年以下有期徒刑、拘役或者管制，并处或者单处罚金；数额巨大或者有其他严重情节的，处三年以上十年以下有期徒刑，并处罚金；数额特别巨大或者有其他特别严重情节的，处十年以上有期徒刑或者无期徒刑，并处罚金或者没收财产。本法另有规定的，依照规定。

《中华人民共和国民法典》

第一千一百六十五条第一款　行为人因过错侵害他人民事权益造成损害的，应当承担侵权责任。

法官解说

近年来，未成年人遭遇网络诈骗的案件频频引发关注。本案是一起典型的犯罪分子在网络游戏平台上利用未成年人想获取游戏装备的心理，实施网络诈骗的案例。本案提醒广大家长，应在日常生活中加强对未成年人的网络安全教育，增强未成年人对网络不良信息、不法分子、诈骗行为的识别能力。网络服务提供者，特别是未成年人用户较多的游戏平台、网络社交平台等，应加大对侵害未成年人合法权益行为的审核力度，对用户加强关于违法犯罪行为的提示，不断提升对未成年人的保护水平。

案例讲法

1. 赵某与某科技公司网络侵权责任纠纷案
——未成年人遭遇网络诈骗应当及时向平台发送侵权通知

基本案情

赵某孙女赵小某误入某QQ群，群主通过向群里发送充值链接并先后以"点击进入链接有奖励""威胁拉黑账号""威胁限制上学"等方式，引诱、误导、欺骗未成年人赵小某将赵某手机微信"零钱通"中的10000元以充值的名义支付到该群主在某科技公司主办App注册的网络账户，随后通过该账户以余额提现的方式将充值款项转入支付宝。赵某认为某科技公司利用互联网技术手段侵害其财产权益，故诉至法院，要求某科技公司返还充值款项。

法院裁判

法院经审理认为，被告为涉案平台的运营者，系网络服务提供者，现有证据并无法证明被告直接实施了获取赵某微信"零钱通"财产的侵权行为，该侵权行为显然为案外人做出。对于他人利用网络服务实施的侵权行为，《民法典》第一千一百九十五条规定，权利人有权通知网络服务提供者采取删除、屏蔽、断开链接等必要措施，通知应当包括构成侵权的初步证据及权利人的真实身份信息。网络服务提供者接到通知后，应当采取必要措施。然而本案原告并未在侵权行为发生后向被告发出侵权通知，本案中也没有证据显示被告存在"明知"或者"应知"侵权事实的其他事由，因此，难以认定被告作为网络服务提供者对于侵权行为的发生存在过错，故法院依法判决驳回原告的全部诉讼请求。

法官讲法

随着互联网技术的快速发展，未成年人遭受诈骗侵害的风险也越来越大。本案是一起犯罪分子利用网络服务平台诱导未成年人进行网络充值、实施网络诈骗的典型案例。网络诈骗具有隐蔽性的特征，未成年人遭受网络诈骗侵害时，应当及时向平台发送侵权通知，告知平台采取必要措施，留存相应证据，并及时报警，以阻止侵权行为的发生或者减轻侵权损害后果，将犯罪分子绳之以法。

网络世界中，风险的发生总是悄无声息的，因此，家庭、学校和社会需要采取广泛措施，不断加强对未成年人的网络安全宣传教育，增强未成年人对不法分子、诈骗行为的识别能力和风险意识，平台亦应当加强对网络诈骗信息的识别和管理能力，为未成年人提供安全、健康的网络环境。

2. 孙某涉嫌强奸、猥亵案
—— "隔空猥亵"未成年人构成刑事犯罪

基本案情

钱某为13周岁的未成年在校生，孙某为20周岁男性，两人通过社交软件认识后，孙某将钱某带至酒店发生关系，并拍摄了钱某的裸体视频和两人发生关系的视频。钱某回家后，孙某诱导钱某拍摄私密视频发给他，随后将视频发送给其他好友。钱某父母报警后，孙某被公安机关抓获并对其犯罪事实供认不讳。

法院裁判

法院经审理认为，孙某明知钱某未满14周岁，仍两次与其发生关系，并拍摄视频，还诱导钱某向其发送私密视频并将视频发送给其他好友。孙某强奸不满14周岁的幼女，应从重处罚，对未成年人实施猥亵犯罪，亦应从严惩处。最终孙某因强奸罪被判处有期徒刑五年，因猥亵儿童罪被判处有期徒刑一年，决定执行有期徒刑五年八个月。

法官讲法

2023年5月，《最高人民法院、最高人民检察院关于办理强奸、猥亵未成年人刑事案件适用法律若干问题的解释》发布，其中第九条第一款规定，胁迫、诱骗未成年人通过网络视频聊天或者发送视频、照片等方式，暴露身体隐私部位或者实施淫秽行为，符合《刑法》第二百三十七条规定的，以强制猥亵罪或者猥亵儿童罪定罪处罚，明确将"隔空猥亵"行为入罪。近年来，随着互联网在未成年人群体中的普及，一些不法分子逐渐开始利用网络围猎儿童以达到满足自身私欲的目的，本案就是一起典型的"隔空猥亵"案件。未成年人身心发育尚不完善，一方面，需要家长、学校共同教育、引导，提升未成年人的安全防范意识，慎重对待网络交友；另一方面，未成年人自身也应当积极提升网络素养，学会甄别网络信息，避免遭受不良信息和不法信息干扰，远离不法分子侵害。

问答说法

1. 什么样的网络信息内容不适合未成年人？

网络信息丰富多彩，但是内容良莠不齐，暗藏风险。

如何识别不适合未成年人的内容呢？《未成年人网络保护条例》根据网络信息内容的危害程度，把不适合未成年人的内容分为违法信息和不良信息。违法信息是指含有宣扬淫秽、色情、暴力、邪教、迷信、赌博、引诱自残自杀、恐怖主义、分裂主义、极端主义等危害未成年人身心健康内容的网络信息，对于这些信息，任何组织和个人均不得制作、复制、发布、传播。有关未成年人的淫秽色情网络信息，《未成年人网络保护条例》更加细致地规定了任何组织和个人均不得持有。网络服务提供者若发现上述内容在其平台传播，应当及时采取删除、屏蔽、断开链接等处置措施。

不良信息是指可能引发或者诱导未成年人模仿不安全行为、实施违反社会公德行为、产生极端情绪、养成不良嗜好等可能影响未成年人身心健康的信息，任何制作、复制、发布、传播该信息的组织和个人都应当在信息展示前予以显著提示以保护未成年人身心健康。例如，在北京互联网法院审理的软色情漫画充值案中，法官特别提出，产品当中含有可能影响未成年人身心健康信息的，提供网络文化产品的平台应当在信息展示前予以显著提示。

未成年人在浏览、阅读网络内容时，要注意识别并远离违法信息和不良信息，这是保护自身身心健康和合法权益的重要一环。只有保持头脑清醒，增强识别能力，才能享受网络带来的便利和快乐，在网络世界中健康成长。

2. 接触"少儿不宜"的内容，会对未成年人造成什么负面影响？

未成年人正处于人生的"拔节孕穗期"，生理和心理都还不成熟，尚未形成正确的价值观，辨别是非的能力也比较弱，在网络环境中易受到"少儿不宜"内容的侵蚀，遭受诸多不良影响。例如，耗费大量时间和精力沉迷于淫秽色情和网络暴力等信息之中，影响身心健康和正常的生活学习；价值观被扭曲，难以形成良好的道德品质和健全的人格，缺乏家庭责任感和社会责任感，一些淫秽色情、暴力血腥等网络信息甚至可能诱发违法犯罪；沉迷于浏览各种不良网络信息会影响与家人、朋友之间的沟通交流，影响正常的社会交往等。因此，未成年人应树立自律、自尊、自强意识，增强辨别是非和自我保护的能力，自觉抵制"少儿不宜"内容的引诱和侵害。

为了避免未成年人接触"少儿不宜"内容，《未成年人网络保护条例》对这些内容的传播进行了明确规定。该条例第二十四条第一款规定："任何组织和个人不得在专门以未成年人为服务对象的网络产品和服务中制作、复制、发布、传播本条例第二十三条第一款规定的可能影响未成年人身心健康的信息。"第二十五条规定："任何组织和个人不得向未成年人发送、推送或者诱骗、强迫未成年人接触含有危害或者可能影响未成年人身心健康内容的网络信息。"父母作为未成年人的监护人也应当切实履行监护职责,关注孩子的心理健康,合理安排其学习、休息、娱乐和体育锻炼的时间,特别注重加强其健康上网的网络素养教育,帮助其增强自我保护的意识和能力,接受更符合其年龄特点的网络文化产品。

3. 未成年人充值观看"少儿不宜"的内容,家长可以要求返还充值金额吗?

家长可以要求返还充值金额。

某些网络产品提供者利用未成年人的好奇心理和尝试心理,诱导未成年人充值观看"少儿不宜"的内容,以获取高额利润。《民法典》第一百五十三条第二款规定:"违背公序良俗的民事法律行为无效。"当网络服务合同内容因违背公序良俗而被认为无效时,家长可以要求网络产品提供者返还充值金额。在北京互联网法院审理的软色情漫画充值案中,某未成年人长期在漫画平台充值观看含有大量刺激性、挑逗性语言和裸露的画面的"霸道总裁"类型漫画。法院认为,该类漫画内容属于《互联网文化管理暂行规定》等法律法规规定的互联网文化单位不得提供的文化产品,不适宜未成年人阅读,对未成年人的身心健康和价值观的养成产生错误引导,可能引发未成年人模仿不安全行为,造成较为严重的社会后果,与强化未成年人保护的社会共识明显相悖。因此,法院判决网络服务提供者返还未成年人充值金额。

《未成年人网络保护条例》也明确了网络服务提供者向未成年人提供网络产品的应尽责任和注意义务。例如,经营网络游戏、网络直播等的网络服务提供者应采取合理措施，对不同年龄阶段的未成年人"区别对待"，作出合理的单次消费数额和单日累计消费数额限制。此外，相关网络服务提供者还应当采取措施，防范和抵制流量至上等不良价值倾向，不得设置以应援集资、投票打榜、刷量控评等为主题的网络社区、群组、话题，不得诱导未成年人参与应援集资、投票打榜、刷量控评等网络活动，并预防和制止其用户诱导未成年人实施上述行为。

与此同时，家长作为监护人，对未成年人充值打赏等网络消费行为也负有监管、引导的职责。若家长存在过错，未尽到监护职责，也应承担相应的责任。

4. 转发未经核实的虚假信息违法吗？会有什么样的法律后果？

虚假信息是指被有意、无意扭曲或凭空捏造的消息。虚假信息往往具有夸张、片面的特征，易造成不良影响。在信息时代，网络信息良莠不齐，自媒体水平参差不齐，充斥着大量的虚假信息。

未成年人出于猎奇或炫耀等心理，随意转发未经核实的信息，可能构成对他人的侮辱、诽谤等，侵害他人名誉权、隐私权和其他合法权益，轻则需要承担民事法律责任，重则应当承担行政法律责任甚至刑事法律责任。

民事法律责任方面，《民法典》第九百九十条、第九百九十五条规定，民事主体享有生命权、身体权、健康权、姓名权、名称权、肖像权、名誉权、荣誉权、隐私权等权利，人格权受到侵害的，受害人有权请求行为人承担停止侵害、排除妨碍、消除危险、消除影响、恢复名誉、赔礼道歉、赔偿损失等民事责任。

行政法律责任方面，《治安管理处罚法》第二十五条规定，散布谣言，谎报险情、疫情、警情或者以其他方法故意扰乱公共秩序的，处五日以上十日以下拘留，可以并处五百元以下罚款；情节较轻的，处五日以下拘留或者五百元以下罚款。

刑事法律责任方面，《刑法》第二百九十一条之一第二款规定，编造虚假的险情、疫情、灾情、警情，在信息网络或者其他媒体上传播，或者明知是上述虚假信息，故意在信息网络或者其他媒体上传播，严重扰乱社会秩序的，处三年以下有期徒刑、拘役或者管制；造成严重后果的，处三年以上七年以下有期徒刑。

青少年应当增强信息甄别能力，客观、理性地辨别信息的来源和可信度，培养独立思考的意识，不被群体非理性的言论裹挟，不做谣言的"搬运工"，仔细甄别、核实接触的各类信息，做到流言止于"智"者。

5. 举报"少儿不宜"内容的正确"打开方式"是什么？

《未成年人网络保护条例》明确规定了相关部门处理不良信息的流程和职责。网信、新闻出版、电影、教育、电信、公安、民政、文化和旅游、卫生健康、市场监督管理、广播电视等有关部门均可以接收相关投诉、举报。收到投诉、举报的部门应当及时依法作出处理；不属于本部门职责的，应当及时移送有权处理的部门。

未成年人既是健康网络环境的受益者，又是健康网络环境的维护者。未成年人在网络上发现含有色情、血腥或者暴力情节等内容的，应注意保留网址、截图等相关材料，及时告知家长或老师，在他们的帮助下向上述有关部门投诉、举报。同时，提供信息内容服务的网络平台对提供的内容负有监督和管理职责，未成年人可通过网络平台提供的投诉渠道予以举报，要求网络平台及时采取删除、屏蔽、断开链接等处置措施，并配合网络平台向有关主管部门报告。

第二章

保护个人信息,维护网络空间安全

漫画解法

1. 发布视频须谨慎 擅自发布要担责

——擅自发布未成年人就医视频导致未成年人遭受网友谩骂，构成侵权

过了几天……
妈妈，我的同学也看到这个视频了，他们现在都笑我有多动症，都不愿意跟我玩了。
我要起诉将视频发到网上的人！他们必须向我们赔礼道歉！
医生把我孩子的看诊记录发到网上，根本没有经过我们的同意！
我是正常展示看诊过程而已啊！
视频作品的内容是原告的就医过程，属于孩子不愿为外人所知的私密活动，系个人隐私。被告的行为构成侵权，应当向原告致歉，并支付精神损害抚慰金等费用。
利用短视频进行宣传，一定要守法合规，尤其是对于生理和心理上均不成熟的未成年人，更应该给予特殊保护。

裁判结果

法院经审理认为，视频虽然对原告的面部进行了部分技术处理，但是处理得并不认真、严谨和全面，多次露出原告大部分面部特征，且视频中不但体现了原告的五官，还体现了原告的形体、穿着以及肢体动作，视频具有连续性，以上情况单独或者结合在一起，均可将原告形象特定化。被告未经原告许可，在网络平台公开原告的肖像，构成对原告肖像权的侵犯。且被告剪辑的视频具有一定倾向性，意在表明原告存在一定病症，以及家长的教育方式存在一定问题，在一定程度上会影响公众对原告在行为习惯等方面的客观评价，构成对原告名誉权的侵害。视频作品的内容是原告的就医过程，属于孩子不愿为外人所知的私密活动，系个人隐私，被告的行为侵害了原告的隐私权。故，法院判令被告向原告赔礼道歉，并赔偿精神损害抚慰金等费用。

法律依据

《中华人民共和国民法典》

第一千零三十二条第一款 自然人享有隐私权。任何组织或者个人不得以刺探、侵扰、泄露、公开等方式侵害他人的隐私权。

法官解说

随着短视频行业的发展，许多医院和医生为了打开知名度，逐渐将常规线下诊疗活动搬到了线上，通过制作看诊短视频或者发布医疗常识类视频等方式，让社会公众足不出户就能学到很多医疗知识，在一定程度上为社会公众创造了福利。但是，医疗模式的创新发展必须走在法治的轨道上，亦须受到职业操守和法律的约束，决不能侵害他人的合法权益。尤其是涉及未成年人的，更需要考虑到未成年人生理和心理上均不成熟，在网络环境中易受不法侵害，并可能延伸至现实生活中，故应给予特殊保护。医疗机构和医务人员在使用包含未成年人肖像、隐私信息等内容时，应严格审查其合法性基础，取得未成年人及其监护人的同意，并采取必要、合理的措施对未成年人的肖像、隐私、个人信息等人格权益进行充分保护。

2. "好心"不能"办坏事" 儿童权益放第一
——舆论监督应注意优先保护未成年人权益

太可怕了，父母把孩子捆在树上教训。这是亲生父母吗？
阅读量（225）
点赞数（2）
我这个视频，有好几个大V转发了！
起诉状
原告：×××
被告：×××
……
我是为了通过舆论监督制止父母不好的教育行为，是为了孩子好，怎么就成侵权了？
虽然你的出发点是进行舆论监督，曝光父母的不当行为，但是你发布的视频暴露了孩子清晰的面部特征，视频内容是相对私密的活动，视频中还有孩子的私密部位，这样传播会对孩子造成次生伤害。
家长也要注意教育孩子的方式！
我们知道自己的教育方式不对，一定会改正。
舆论监督要有限度，特别是涉及未成年人时，要对未成年人予以特殊、优先保护，避免以舆论监督为名侵害未成年人的合法权益。

裁判结果

法院经审理认为，被告采取的方式超出了舆论监督的限度，已经背离了其保护未成年人利益的初衷。被告传播涉案视频的行为披露了小女孩不愿意为他人知晓的私密活动和隐私部位，一旦扩大传播，不仅可能会让小女孩的同学等知晓，也可能会带来社会热议的后果，将对小女孩造成人格利益和人格尊严上的损害。法院最终认定被告侵害了小女孩的肖像权、隐私权，判决被告向原告赔礼道歉并赔偿相关经济损失。

法律依据

《中华人民共和国未成年人保护法》

第四条　保护未成年人，应当坚持最有利于未成年人的原则。处理涉及未成年人事项，应当符合下列要求：

（一）给予未成年人特殊、优先保护；

（二）尊重未成年人人格尊严；

（三）保护未成年人隐私权和个人信息；

（四）适应未成年人身心健康发展的规律和特点；

（五）听取未成年人的意见；

（六）保护与教育相结合。

《中华人民共和国民法典》

第一千零一十九条第一款　任何组织或者个人不得以丑化、污损，或者利用信息技术手段伪造等方式侵害他人的肖像权。未经肖像权人同意，不得制作、使用、公开肖像权人的肖像，但是法律另有规定的除外。

第一千零三十二条 自然人享有隐私权。任何组织或者个人不得以刺探、侵扰、泄露、公开等方式侵害他人的隐私权。

隐私是自然人的私人生活安宁和不愿为他人知晓的私密空间、私密活动、私密信息。

法官解说

未成年人代表着国家的未来和民族的希望，且身心尚不成熟，《未成年人保护法》明确要给予未成年人特殊、优先保护。公众对社会上发生的不当行为均有权发表言论进行批评，但这种批评应当有一定限度，特别是涉及未成年人时，应当把未成年人权益放在首位。保护未成年人的权利时，要注意手段合理、方式得当，确保最大限度地维护未成年人的合法权益。案件审结后，法院向涉案社交媒体平台发送司法建议，督促其加强对涉未成年人内容的审核，该平台积极回函并改进对涉未成年人内容的审核机制。本案入选"2020年度中国十大传媒法事例"。

案例讲法

1. 李某1、李某2与周某、吴某、郑某网络侵权责任纠纷案

——未经同意擅自在互联网发布包含未成年人肖像的视频构成侵权

基本案情

李某1、李某2均为未成年人，2020年4月27日，二人和其他未成年人在小区踢足球时，妨害到了周某及其父散步。双方遂至小区物业处协商，双方就能否在该地点踢球及李某1、李某2的沟通方式是否得当发生了争议，周某随即录制视频（视频中李某1、李某2均佩戴口罩），发布在个人微博账号（配文"这么小就沾染社会气息"）和社区微信群中，并向某知名微博博主吴某、郑某投稿。吴某、郑某在实名认证的账号中未作任何处理即发布了该视频（配文"这么小就沾染社会气息"），该视频点击观看量达3.8万次。随后全网多平台传播该视频，部分网友对于涉案视频发表负面评论。李某1、李某2认为该视频侵犯了其名誉权和肖像权，故诉至法院要求停止侵权行为、赔礼道歉并赔偿损失。

法院裁判

法院经审理认为，视频中李某1、李某2明显为未成年人，面部虽因佩戴口罩存在部分遮挡，但是并未完全丧失可识别性，在佩戴口罩存在部分遮挡的情况下，其同学以及亲友等仍可以通过视频所展示的外部形象信息（含脸部）对他们进行识别，故在网络上发布视频的行为侵害了其肖像权。周某、吴某、郑某发布视频时以"这么小就沾染社会气息"评价李某1、李某2并不妥当，且视频广泛传播，引发网民广泛讨论乃至侮辱、谩骂二原告，因此已经在一定范围内降低了李某1、李某2的社会评价，侵害了其名誉权。故，法院判决周某、吴某、郑某承担公开道歉并赔偿原告精神损害抚慰金及其他合理支出的责任。

一审判决作出后，被告周某提起上诉，后经二审法院调解，各方达成调解协议结案。

法官讲法

未成年人身心尚不成熟，可能因思虑不周引发冲突。近年来，出现一些涉及未成年人的纠纷从线下发展到线上，引发网络侵权甚至网络暴力的案件，不少案件还涉及对未成年人肖像、个人信息等的不当公开。法院提示，个人在对未成年人的行为进行评价时，尤其要注意所采取的方式方法是否合适。在生活中处理争议时，要尽可能避免对未成年人的不利影响，更要特别注意网络传播环境可能对未成年人造成的扩大性、持续性伤害。不管行为目的是对未成年人的不良行为进行批评，还是维护未成年人权益的好意，均不能违反法律规定，肆意使用、公开未成年人的肖像或个人信息，使用贬损性言论评价未成年人，侵害未成年人的人格权益。社会主体应当提高在网络空间中保护未成年人的意识，共同守护未成年人的身心健康。

2. 某市人民检察院诉某科技公司侵害未成年人个人信息民事公益诉讼案

——信息处理者未对儿童个人信息建立专门保护池和采取加密存储措施，应认定为违规存储儿童个人信息

基本案情

某短视频App是由某科技公司开发、运营的一款互联网移动端应用程序。该短视频App具有帮助用户在移动设备上制作、上传、观看短视频及进行直播等功能，能够通过大数据分析和人工智能算法等技术手段为用户提供推送精准短视频内容等服务。该短视频App后台数据显示，截至2020年年底，平台14周岁以下实名注册用户近10万人，14周岁至18周岁实名注册用户数10万人。某市人民检察院在审查办理被告人徐某某猥亵儿童（未满14周岁）刑事案件时发现，该短视频App在收集、存储、使用儿童个人信息的过程中，未遵循正当必要、知情同意、目的明确、安全保障、依法利用原则，遂对该短视频App涉嫌侵害众多不特定儿童个人信息权益和隐私权的行为展开调查，在履行法定诉前程序后，向该市互联网法院提起民事公益诉讼。

法院裁判

法院经审理认定，某短视频App历史版本在收集、存储、使用儿童个人信息等多个环节，未切实贯彻儿童利益最大化原则，

存在危及众多不特定儿童个人信息权益和隐私权的行为，不利于儿童网络保护，已对儿童人身安全以及生活安宁造成隐患，具体包括：

第一，在儿童用户注册环节：缺乏单独的《儿童个人信息/隐私保护政策》《儿童个人用户协议》；对平台内实名注册的儿童用户，缺乏通知监护人、采取合理措施征求监护人是否同意的流程；对平台内未实名注册的高疑似度儿童用户缺乏技术识别手段，未采取特殊的儿童网络安全保护机制。

第二，在儿童个人信息收集环节：在未采取合理措施以显著、清晰的方式告知并征得儿童监护人明示同意的情况下，违规收集、管理儿童网络账号、位置、联系人以及儿童面部、肢体、声音等儿童信息。

第三，在儿童个人信息存储环节：缺乏专门的儿童信息保护池，在"内容""用户"两个维度对平台中涉及儿童的个人信息未能采取加密等措施予以存储。

第四，在儿童个人信息使用、共享、披露环节：在未采取合理措施征得儿童监护人有效明示同意的情况下，运用大数据算法，向具有浏览儿童视频喜好的用户大量推送含有儿童信息的内容，并提供下载共享功能；缺乏向儿童用户推送内容的独立算法，无法保证向儿童用户推送内容的安全性、合规性和针对性，未体现对儿童群体的特殊保护。

第五，在涉儿童网络安全主动保护领域：对用户发布的涉未成年人内容的审核标准不够严格，缺乏分级管控；缺乏对儿童用户的隐私保护机制，对儿童用户未强制开启陌生人关注限制功能、未强制隐藏儿童用户位置、未强制开启儿童用户私信限制、未强制关闭儿童用户通讯录推荐、未强制关闭通过手机号搜索儿童用户功能、未强制关闭儿童"熟人圈"功能等。

案件双方当事人经法院组织调解，达成了调解协议。法院对调解协议是否有损社会公共利益等进行了审查并依法登报予以公示。法院经审查确认调解协议内容不损害社会公共利益且符合法律规定后，出具了民事调解书。民事调解书主要内容为：

（1）被告停止对儿童个人信息的侵权行为，按照相关法律法规对儿童个人信息保护的要求，对某短视频App进行整改。针对案涉问题，被告承诺，按调解协议确定的合规整改方案、时间推进表落实整改。

（2）被告完成整改后，应对整改完成情况及效果进行评估，并向公益诉讼起诉人、人民法院出具详细的整改完成情况报告书。

（3）被告应根据相关监管法规要求，将整改措施方案及整改完成情况报告书报送网信部门，自觉接受合规审查。若网信部门认为短视频App未落实整改方案措施，或存在其他涉儿童网络保护的违规行为，被告应立即停止相关违规行为并按要求进行整改。不能如期有效整改的，被告应立即停止某短视频App一切涉儿童经营业务的开展。

（4）被告就涉案侵权行为，在公开报刊及某短视频App官方账号首页显著位置公开赔礼道歉。

（5）被告承诺在今后的运营过程中严格遵守有关儿童个人信息保护的法律、法规，并自觉接受网信等行政监管部门的监督检查。

（6）被告赔偿侵权行为造成的社会公共利益损失150万元人民币，款项交给相关儿童公益保护组织，专门用于儿童个人信息安全保护等公益事项。

> **法官讲法**
>
> 随着互联网的发展，未成年人触网低龄化、用网普及化明显，但儿童作为智力、判断力尚不成熟的群体，在用网时可能缺乏必要的个人信息保护意识，其个人信息权益容易受到他人侵害。需要提示的是，不同于成年人个人信息，儿童个人信息属于敏感个人信息，向儿童用户提供网络服务需要完善单独的未成年人个人信息处理规则，并采取合理措施通知监护人，在征得监护人有效明示同意的情况下，处理儿童用户个人信息。信息处理者需要对儿童个人信息建立专门保护池和采取加密存储措施；只有在获得儿童监护人单独授权同意的情况下，才可以基于算法的自动化决策将含有儿童用户个人信息的短视频向其他用户进行推送，并且在对儿童用户进行画像时需要获取监护人对开启个性化推荐的同意，再运用算法进行内容推送。儿童个人信息的保护需要社会公众、网络服务提供者、信息处理者的共同努力，安全、美好的童年需要全社会共同维护。

问答说法

1. 未成年人享有哪些个人信息权益?

随着社交软件的使用日益普及,很多家长喜欢在朋友圈、短视频平台等"晒娃"。许多未成年人也会注册个人账号,编辑账号昵称、添加个人简介、发布账号动态,以及与其他用户开展网络交流对话。殊不知,大数据时代,这些个人信息随时面临被泄露、不当利用的风险。

那么,未成年人享有哪些个人信息权益呢?

根据《个人信息保护法》的相关规定,个人信息是以电子或者其他方式记录的与已识别或者可识别的自然人有关的各种信息,不包括匿名化处理后的信息。比如说,自然人的姓名、出生日期、身份证件号码、生物识别信息、住址、电话号码、电子邮箱、健康信息、行踪信息等,都属于个人信息。此外,根据《民法典》的规定,个人信息中的私密信息,还受隐私权的保护。

未成年人对其个人信息享有知情权,决定权,查阅权,复制权,更正、补充权,删除权等。

2. 常见的侵害未成年人个人信息的行为有哪些?

根据相关法律规定,未经同意,非法收集、使用、加工、传输他人个人信息,非法买卖、提供或者公开他人个人信息,通过误导、欺诈、胁迫等方式处理个人信息,都属于侵害个人信息的行为。

3. 如果个人信息遭遇泄露、不当利用，可能会带来哪些危害？如何保护自身权益？

在个人信息遭遇泄露时，未成年人不仅可能遭受人格权益层面的损害，还可能遭受财产损失。比如，他人以掌握未成年人的个人信息为要挟，要求未成年人做出一些有损自身利益的行为。又如，他人冒充未成年人身份进行诈骗等。

因此，未成年人在使用网络的过程中，要牢记个人信息保护的重要性，既要了解自身在用网过程中主动提供或被动形成了哪些个人信息，对于一些真实身份等敏感个人信息，应尽量避免在用网过程中予以提供或公开；同时也要了解自身在用网过程中可能遭遇何种个人信息权益侵害行为，一旦发现侵权行为，一定要积极维护自己的权益，避免损害进一步扩大。

4. 哪些行为会侵害他人的肖像权？如何保护未成年人的肖像权？

未成年人在使用社交软件的过程中，为了使自己的账号更具有识别性，可能会上传真实的自拍照作为头像，或者经常发布一些包含肖像照片的实时动态。有的家长在通过网络账号记录自己的育儿过程时，也可能会发布包含未成年人肖像的照片及视频。这些行为，在一定程度上可能会引发未成年人肖像被不当使用的风险。

根据《民法典》的相关规定，肖像是通过影像、雕塑、绘画等方式在一定载体上所反映的特定自然人可以被识别的外部形象。肖像权，即自然人以自己肖像上所体现的人格利益为内容，享有的制作、使用、公开以及许可他人使用自己肖像的具体人格权，包括制作权、使用权、公开权、许可他人使用权。

一般而言，侵害肖像权的行为包括，未经肖像权人同意，制作、使用、公开肖像权人的肖像；以丑化、污损，或者利用信息技术手段伪造等方式侵害他人的肖像权。此外，未经肖像权人同意，肖像作品权利人不得以发表、复制、发行、出租、展览等方式使用或者公开肖像权人的肖像。举个例子，未成年人在外出游玩的过程中，请摄影师帮自己拍摄了一张照片，该摄影师在未经未成年人本人及其监护人同意的情况下，不得以发表、复制、发行、出租、展览等方式使用或者公开该未成年人的肖像照片，否则就可能构成侵权。

在网络上保护未成年人的肖像权，关键在于确保未成年人的肖像不被他人未经同意随意使用，以遏制进一步侵权行为的发生。监护人应当认识到肖像权是人格利益的重要组成部分，警惕涉嫌侵害肖像权的行为表现，同时通过日常的教育，尽可能地向未成年人传导保护个人肖像权的法治观念，使未成年人意识到自己肖像的重要性，并理解如何保护自身肖像不被滥用，尤其注意保护涉及私密信息的肖像内容。譬如，在社交媒体上发布照片时，要慎重考虑照片中的内容以及可能带来的潜在风险。在网络上发布含有未成年人的肖像信息时，尽量对肖像做模糊处理，或者在安全、可控、有限范围内发布未成年人肖像相关内容。其他网络用户在转发、使用未成年人的照片或视频时，应当征得未成年人及其监护人的同意。若网络服务提供者发现网络上传播涉及未成年人私密信息的肖像内容，应当及时采取删除、下架等必要措施。

当然，根据《民法典》的规定，也存在一些合理使用肖像权的情形，如为个人学习、艺术欣赏、课堂教学或者科学研究，在必要范围内使用肖像权人已经公开的肖像；为实施新闻报道，不可避免地制作、使用、公开肖像权人的肖像；为依法履行职责，国家机关在必要范围内制作、使用、公开肖像权人的肖像；为展示特定公共环境，不可避免地制作、使用、公开肖像权人的肖像；为维护公共利益或者肖像权人的合法权益，制作、使用、公开肖像权人的肖像的其他行为。这些情况下的使用，可以不经过肖像权人的同意。未成年人及其监护人要注意对相关行为的辨别和区分。

5. 哪些行为会侵害他人的隐私权？如何保护未成年人的隐私权？

隐私是自然人的私人生活安宁和不愿为他人知晓的私密空间、私密活动、私密信息。

《民法典》第一千零三十三条对侵害隐私权的典型形态予以规定："除法律另有规定或者权利人明确同意外，任何组织或者个人不得实施下列行为：（一）以电话、短信、即时通讯工具、电子邮件、传单等方式侵扰他人的私人生活安宁；（二）进入、拍摄、窥视他人的住宅、宾馆房间等私密空间；（三）拍摄、窥视、窃听、公开他人的私密活动；（四）拍摄、窥视他人身体的私密部位；（五）处理他人的私密信息；（六）以其他方式侵害他人的隐私权。"

此外，根据《未成年人保护法》的相关规定，任何组织或者个人不得隐匿、毁弃、非法删除未成年人的信件、日记、电子邮件或者其他网络通讯内容。除下列情形外，任何组织或者个人不得开拆、查阅未成年人的信件、日记、电子邮件或者其他网络通讯内容：（1）无民事行为能力未成年人的父母或者其他监护人代未成年人开拆、查阅；（2）因国家安全或者追查刑事犯罪依法进行检查；（3）紧急情况下为了保护未成年人本人的人身安全。未成年人的监护人也应当注意不要侵害未成年人的个人隐私与通信自由。

现实中，我们时常遇到未成年人隐私遭到泄露的情况，如未成年人与他人的私信聊天记录被公布到网络上；未成年人被他人通过人肉搜索等方式获取了私密信息并在网上公开；未成年人被他人通过网络账号私信、手机短信等方式，持续发送骚扰、侮辱谩骂等"垃圾信息"；未成年人被他人诱导、胁迫拍摄了一些身体私密部位照片或视频；等等。以上这些都可能侵害未成年人的隐私权。

未成年人的隐私权一旦遭到侵害，就可能给未成年人的生理和心理带来双重伤害，影响其健康成长。保护未成年人的隐私权，需要未成年人、监护人、学校、网络服务平台以及社会共同努力。未成年人在上网冲浪、上网交友过程中，要时刻绷紧隐私保护这根弦，在通过直播间、游戏空间、社交软件与他人聊天、发送照片、拨打视频电话时，避免向陌生人透露个人信息，切勿向他人泄露自身私密部位和所在位置等私密信息。未成年人的监护人应当避免在网络上公开未成年人的隐私信息，同时还应当履行监督职责，时常监督未成年人在网络上的行为，确保未成年人个人隐私信息不被泄露。网络平台等个人信息处理者应该建立严格的隐私保护机制，加强数据加密，完善用户隐私政策，设立隐私设置等措施，以确保未成年人在使用网络服务时的隐私安全，确保未成年人的通讯内容和隐私信息等不被泄露给第三方，尤其是在处理未成年人的私密信息时应严格遵守相关法律法规，仅收集必要的信息，并经过未成年人的父母或者其他监护人的同意，确保未成年人的私密信息得到充分尊重和保护。

6. 未成年人注册并使用网络账号需要注意什么？

未成年人在使用网络时，不可避免地会注册一些网络账号。

根据《民法典》《网络安全法》《未成年人网络保护条例》等相关法律法规规定，网络服务提供者为未成年人提供信息发布、即时通讯等服务的，应当依法要求未成年人或者其监护人提供未成年人的真实身份信息。未成年人或者其监护人不提供未成年人的真实身份信息的，网络服务提供者不得为未成年人提供相关服务。

只有填写了真实的身份信息，网络服务提供者才能按照未成年人权益保护的要求，对未成年人的上网行为予以保护。一旦发生纠纷，也免去了未成年人证明账号使用人身份的困难，维权更加便捷容易。但需要注意的是，未成年人在注册并使用网络账号时，虽有义务提供其真实身份信息，但提供的个人信息应当限于必要的范畴。比如，应当根据该App提供服务的类型提供联系电话、实名注册内容等必要信息，谨慎提供身份证信息、家庭住址等个人信息，非必要不提供过多个人信息，防止个人信息被过度收集。若个人信息处理者未经未成年人或者其监护人同意，处理未成年人非必要的个人信息，未成年人或者其监护人有权拒绝。

注册并使用网络账号时，未成年人应该选择安全可靠的网络平台，避免因网络环境不安全等原因造成个人信息的泄露。注册完成后，在使用账号前，未成年人需要及时对网络账号进行隐私设置，划定他人对个人信息的访问权限，合理选择未成年人模式。当有陌生人申请添加好友或进行交流时应保持警惕，避免与陌生人分享个人敏感信息，若有陌生用户向自己索要个人信息，应当立即拒绝并向监护人反映。对于在网络使用过程中发现的任何问题或者觉得不适当的行为，未成年人需要及时向监护人、老师报告。

监护人在未成年人下载新应用软件、注册新网络账户、设置重要权限时，应当积极进行监督引导。对于未成年人的用网行为，监护人应当经常性地开展监督、教育、引导，一旦发现未成年人使用来源不明的网络或个人信息可能遭遇泄露，要及时干预，切断网络并进行取证，避免未成年人的合法权益遭受损害。

7. 未成年人的监护人应当如何应对未成年人个人信息被泄露、不当利用等情况？

未成年人的监护人往往对未成年人个人信息被不当处理可能带来的人身、财产安全风险缺乏足够的认知，对如何预防未成年人个人信息权益被侵害，以及在遭受侵害后如何依法维权缺乏应有的了解。一旦未成年人的个人信息被不正当地处理，将很有可能对未成年人及其家庭造成重大影响。因此，保护未成年人个人信息、隐私权等权益，提前做好预防工作是非常必要的。同时，未成年人的监护人也要掌握一定的知识和技能，积极应对未成年人个人信息被泄露、不当利用等风险。

第一，未成年人的监护人应当教育引导未成年人增强个人信息保护意识和能力、掌握个人信息范围、了解个人信息安全风险，指导未成年人正确行使其在个人信息处理活动中的查阅、复制、更正、补充、删除等权利。

第二，未成年人的监护人要对未成年人的用网行为做到心中有数。例如，要了解未成年人平时注册和使用了哪些网络账号；引导未成年人对使用的网络及账号做好安全设置和隐私保护措施，如开启"未成年人保护""防沉迷"等功能；应及时关注未成年人在网络上的行为，深入了解其使用的网络账号都处理了未成年人的哪些个人信息；若发现异常情况，监护人应及时介入。不清楚个人信息处理情况的，未成年人或者其监护人可依法向个人信息处理者提出查阅、复制的请求。

第三，未成年人的监护人应对重点领域进行关注。根据《个人信息保护法》《未成年人保护法》的规定，不满14周岁的未成年人个人信息，属于敏感个人信息，处理该个人信息需要父母或其他监护人的单独同意。个人信息处理者处理不满14周岁未成年人个人信息的，应当制定专门的个人信息处理规则。未成年人的监护人可以重点关注，一些短视频平台是否存在未获得单独授权同意而处理未成年人个人信息的行为。例如，对未成年用户进行画像、默认开启个性化推荐、借助算法进行内容推送等行为。

第四，未成年人的监护人发现未成年人个人信息存在错误的，可依法向个人信息处理者提出更正、补充的请求；发现不当收集未成年人个人信息行为的，可依法提出删除的请求。若未成年人个人信息遭泄露、篡改、丢失已切实发生或可能发生，则应当立即通知个人信息处理者采取删除、屏蔽等必要措施，以防止未成年人个人信息权益被进一步损害。若个人信息处理者未予以合理响应，可依法向网信等部门投诉反馈，或者依法通过司法途径维权。

总而言之，保护未成年人的个人信息、维护网络空间安全，需要监护人、网络服务提供者、信息处理者等多方主体共同努力，通过教育、监督等多种方式，确保未成年人在网络空间中的个人信息权益得到充分保障。

第三章

防范网络欺凌,营造清朗网络环境

漫画解法

1. 少年追星要理智　网络并非法外地
　　——在网络空间对他人实施网络暴力构成侵权

今天任务：为小A的新电视剧打榜做数据哦！发布话题 #宇宙花男小A#，要写满30字才会被认定为有效数据 #不要水#

#宇宙花男小A#好帅，演他女朋友的小B真是丑死了，令人作呕，×××，根本配不上哥哥，去死吧。

短信提醒
【北京互联网法院】开庭通知

被告在网络上的发言用语粗鄙不堪，缺乏客观、理性的立场，只为个人情感的恣意宣泄，充斥着谩骂和人身攻击，是对原告人格尊严的贬低、侮辱，逾越了言论自由和舆论监督的合理边界，且会对原告造成社会评价的降低，构成名誉权侵权。
法院判决被告向原告致歉并支付相关精神损害抚慰金等费用。

本来想追个星，没想到却违法了……

网络空间给予了孩子们充分自我表达的平台，但网络信息良莠不齐，孩子们判断能力不足，很容易受到不良风气的影响。

维护清朗的网络空间，培育未成年人良好的网络素养，需要大家共同努力。

裁判结果

法院经审理认为，原告系公众人物，对公众的批评和监督具有较高的容忍义务。但一定的权利让渡并不意味着权利的丧失，本案中被告在网络中发表的言论构成对原告人格尊严的贬损、侮辱，主观恶意明显，侵害了原告的名誉权。虽然发生涉案行为时被告系未成年人，但法院立案时被告已经成年，且以自己的劳动收入为主要生活来源，系完全民事行为能力人，能够为自己在未成年时实施的侵权行为承担法律责任。故，法院判决被告向原告赔礼道歉、赔偿精神损害抚慰金。

法律依据

《中华人民共和国民法典》

第一千零二十四条 民事主体享有名誉权。任何组织或者个人不得以侮辱、诽谤等方式侵害他人的名誉权。

名誉是对民事主体的品德、声望、才能、信用等的社会评价。

法官解说

互联网为未成年人提供了充分自我表达的空间，但网络信息良莠不齐，未成年人判断能力不足，很容易受到网络不良信息的影响。该案反映出，清朗的网络环境对于未成年人的成长至关重要，要及时遏制"饭圈"乱象，防止网络不良信息对未成年人造成危害，为未成年人的健康成长塑造良好的成长环境。维护清朗的网络空间，需要家长、学校、平台、社会的共同努力，同时，未成年人也要树立"互联网不是法外之地"的法治意识，在表达个人观点的同时，要注意尊重他人的合法权利，共同维护清朗的网络空间和健康的网络生态环境。

2. 面对纠纷需冷静　网暴他人不可取
——家长处理子女校园纠纷时在微信群辱骂未成年人构成侵权

孩子在校园生活中产生矛盾是常见的事情，如果想为自己的孩子出头而发布过激言论，很可能构成侵权。
我只是在表达我的不满，我太生气了！
而且，是那个小男孩先欺负我们的孩子的。
即使对方有错在先，也不能不合理地宣泄情绪。您在群里针对一名幼儿园的小朋友使用“垃圾”等词语，超出了正常的批评限度。
那我们应该怎么做才能保护我们的孩子呢？
孩子之间发生纠纷，应及时与对方的监护人、学校等取得联系，积极进行沟通协商；无法协商解决，可以走法律程序，避免动辄诉诸网络曝光他人个人信息，进行侮辱谩骂，对孩子造成伤害。
作为家长，应当理性、谨慎并抱有最大的善意，去处理子女在成长过程中遇到的各种问题，身体力行地为子女的健康成长做出榜样。
大家一起拥抱一下吧！以后我们还是好朋友！

裁判结果

法院经审理认为，网络上的言论传播快、影响大，未成年人心智尚不成熟，网络用户发表针对未成年人的评论时更应格外注意保护未成年人的合法权益及心理健康，不应做出侵犯其名誉权的行为。本案中，结合被告发布言论的上下文语境、内容等，能够让涉案微信群内的言论受众即其他家长意识到其言论指向原告。被告在涉诉言论中使用侮辱性用语对一名儿童进行人身攻击，明显超出了正常的批评限度，显然会对原告的人格尊严和社会评价产生较大损害，构成对原告名誉权的侵害。故，法院判决被告在家长群中向原告赔礼道歉。

法律依据

《中华人民共和国民法典》

第一千零二十四条 民事主体享有名誉权。任何组织或者个人不得以侮辱、诽谤等方式侵害他人的名誉权。

名誉是对民事主体的品德、声望、才能、信用等的社会评价。

法官解说

本案针对互联网时代校园纠纷的"线上化"明确了行为边界。儿童的身心发育尚未成熟，需要国家、家庭、学校、社会的特殊保护和照料。幼儿园是学龄前儿童除家庭外最重要的生活学习场所，对于幼儿园同学之间产生的纠纷，家长应在充分理解儿童成长规律和身心特点的基础之上，理性对待、谨慎处理，不能生硬地套用成年人的标准判断、评价儿童的行为动机和逻辑。面对未成年人之间产生的纠纷，家长应在充分了解事实的基础上采取合理的沟通方式，避免因纠纷处理不当对未成年人带来次生伤害。

案例讲法

1. 王某诉冯某等网络侵权责任纠纷案
——未成年人实施网络欺凌，可以在与其年龄、智力和精神健康状况相适应的情形下承担部分侵权责任

基本案情

王某、冯某为同校学生。案外人褚某将其所在微信群内有关王某的微信笔记及部分群聊记录发给冯某。微信笔记的内容中有王某发布在社交平台的照片和其他网络用户发布的照片的对比，聊天记录的内容中有评价王某"人品巨烂""家庭情况垃圾"等的言论。之后，冯某在微信朋友圈发布和案外人的聊天记录截图并评论"要瓜找我""特别带劲""盗图姐不敢盗脸改盗日常啦"。王某报案后，派出所受理并传唤冯某，冯某自述将前述微信笔记和群聊记录发给了其他人，一并发送的还有冯某在其他微信群中看到并保存的三段视频。

王某提交的涉案聊天记录显示，冯某向他人转发的三段视频中有一段是不雅视频，视频中女性均未露脸，冯某转发并影射该女性是王某。王某主张冯某侵害了其名誉权、隐私权和一般人格权，遂将冯某及其监护人冯某1、冯某2诉至法院，请求判令冯某当面向王某赔礼道歉，赔偿精神损害抚慰金、维权合理支出。

> **法院裁判**

　　法院经审理认为，冯某向他人转发"不雅视频"和笔记、群聊等内容，散布王某的朋友圈内容，影射王某拍摄不雅视频，侵害了王某的名誉权、隐私权。根据相关法律规定，无民事行为能力人、限制民事行为能力人造成他人损害的，由监护人承担侵权责任。监护人尽到监护职责的，可以减轻其侵权责任。非财产责任部分，由于侵权行为由冯某在其微信朋友圈发布内容引发，冯某在其朋友圈向王某赔礼道歉与冯某的年龄、智力和精神健康状况相适应，故赔礼道歉责任由冯某承担，法院判令冯某在其微信朋友圈向王某公开赔礼道歉。财产责任部分，有财产的无民事行为能力人、限制民事行为能力人造成他人损害的，从本人财产中支付赔偿费用；不足部分由监护人赔偿。现有证据不能证明被告冯某具有个人财产，因此由其监护人冯某1、冯某2共同承担，冯某1、冯某2向王某赔偿精神损害抚慰金和律师费。

> **法官讲法**

　　当前，互联网已经全面深入未成年人的学习和生活，加强未成年人网络空间保护，强化未成年人保护的法治保障，是全社会的共同心声，治理针对未成年人的网络欺凌更是不容忽视。本案中，侵权人和被侵权人均为未成年人，法院依照最有利于未成年人原则，考虑到侵权人具有侵权的主观故意和客观行为，侵权人赔礼道歉与其年龄、智力和精神健康状况相适应，最终判令其承担赔礼道歉责任。未成年人及其监护人在社会生活中应当共同遵循文明、友善、法治的社会主义核心价值观，在维护未成年人自身合法权益的同时不得侵害他人的合法权益，避免网络侵权行为演变为网络欺凌行为。

2. 卫某诉蒋某侵害名誉权案
——成年人之间发生纠纷不应侵害未成年人的合法权益

基本案情

卫某系未成年人，与成年人蒋某均为同一小区居民。卫某之母因蒋某经常遛狗不牵绳在业主群中规劝蒋某，蒋某心生怨恨。蒋某在互联网上看到卫某之母在社交平台发布的含有卫某的视频后，对视频进行恶意剪辑后发布在业主群中，称卫某没有家教、喜欢口吐脏言等。卫某的监护人认为，蒋某在双方共同居住的小区业主群中传播前述视频，导致卫某社会评价明显降低，严重侵犯了卫某的肖像权和名誉权，遂诉至法院要求蒋某向卫某赔礼道歉，并赔偿精神损害抚慰金和维权合理支出。

法院裁判

法院经审理认为，蒋某多次在小区内遛狗不牵绳，本应接受卫某之母的好意规劝，改正自身不良行为，维护社区安全。但蒋某却因此对卫某之母心存不满，并进一步迁怒于卫某，对含有卫某肖像的视频恶意剪辑，对卫某的肖像进行丑化、污损，侵害了卫某的肖像权，称卫某"没有家教"等言论构成对卫某的侮辱和诽谤，侵害了卫某的名誉权。故，法院判决蒋某在小区业主群中向卫某赔礼道歉、赔偿精神损害抚慰金及维权合理支出。

法官讲法

　　未成年人是祖国的未来和希望,应当给予特殊、优先保护。邻里之间发生纠纷,应当本着友好态度,采用理性沟通的方式妥善化解。为了泄一时之愤鲁莽地迁怒于未成年人,通过不法手段侵害未成年人合法权益,不仅影响未成年人健康成长,更容易加剧矛盾,还会引发诉讼纠纷。

问答说法

1. 家长如何帮助未成年人免受网络欺凌侵害？

《未成年人网络保护条例》第十七条规定："未成年人的监护人应当加强家庭家教家风建设，提高自身网络素养，规范自身使用网络的行为，加强对未成年人使用网络行为的教育、示范、引导和监督。"

为帮助未成年人免受网络欺凌，首先，家长应当营造文明上网的家风家教，提高自身的网络素养，指导孩子文明上网，避免在网络上发表不当言论。生活中，家长或其他监护人需要与孩子保持充分沟通，通过与孩子讨论用网见闻等方式了解孩子的网络使用情况，及时预防或了解孩子遭受网络欺凌的情况。

其次，家长可以与孩子探讨新闻报道中网络欺凌未成年人的案例，引导孩子了解并使用社交平台上的隐私设置等功能，教会孩子保护个人信息、免受网络欺凌侵害。

最后，家长应当教导孩子，如果发现自己正在遭受网络欺凌，应立即向父母、老师或其他监护人积极求助，避免伤害扩大。一旦遭遇网络欺凌，要及时通过断网、特殊关护、心理疏导等方式进行干预，避免自残、自杀等极端行为的发生。

2. 未成年人遭遇网络欺凌应该如何维权？

网络欺凌，不同于现实生活中直接威胁人身财产安全的暴力行为，多以在网络虚拟空间通过发文字、图片、视频音频等方式对人进行侮辱、造谣、抹黑的形式出现。虽然网络欺凌具有无形性，但互联网信息具有传播速度快、传播范围广的特征，往往会对他人的名誉、尊严造成较为严重的伤害。

《未成年人网络保护条例》明确禁止对未成年人实施网络欺凌的行为。该条例第二十六条第一款规定："任何组织和个人不得通过网络以文字、图片、音视频等形式，对未成年人实施侮辱、诽谤、威胁或者恶意损害形象等网络欺凌行为。"

当未成年人遭遇网络欺凌时，除依法追究欺凌者的责任以外，未成年人、父母或者其他监护人还可以通过督促平台履行责任的方式维护自身合法权益。根据《未成年人网络保护条例》及国家网信部门的相关规定，网络产品和服务提供者应当设置便利未成年人及其监护人保存遭受网络欺凌记录、行使通知权利的功能、渠道，提供便利未成年人屏蔽陌生用户、设置本人发布信息可见范围、禁止转载或者评论本人发布信息、禁止向本人发送信息等网络欺凌信息防护选项。

一旦遭遇网络欺凌，未成年人自己、父母或者其他监护人，都可以通过专门渠道通知该网络产品和服务提供者，要求其停止传播、删除、屏蔽相关言论，网络产品和服务提供者收到相关通知后，要及时视情况对网络欺凌实施者采取警告、禁言、封号等措施，防止网络欺凌的言论进一步扩散。此外，遭遇欺凌的未成年人还可以要求网络产品和服务提供者披露欺凌实施者的用户信息，通过法律途径追究其责任。

3. 未成年人参与追星，在网络上通过跟帖评论、群聊、转发等方式贬低娱乐明星是否应当承担责任？

娱乐明星因长期面向公众，具有特殊性，其私人生活情况通常容易引起公众广泛讨论、评价，法律在尊重言论自由的同时，对此类讨论、评价规定了相应的边界，即在要求公众人物负有一定容忍义务的同时，也要求言论发布者不能逾越合理的界限。例如，不能无端谩骂、恶意人身攻击或凭空造谣等。

《民法典》第一千零二十四条第一款规定："民事主体享有名誉权。任何组织或者个人不得以侮辱、诽谤等方式侵害他人的名誉权。"面对网络上流传的涉及明星的娱乐八卦，未成年人应理性甄别相关报道和评论是否真实合理，不能人云亦云。如果在发表的评论中使用粗俗字眼或没有根据地捏造事实，降低了公众人物的社会评价，就会存在侵害他人名誉权的风险。比如，在追星时运用饭圈"黑话"代指侮辱性称呼，影射特定人物，便可能构成侵权。

一旦所涉言论超出必要限度，被侵权人就有权拿起法律武器维护自身合法权益。即使是未成年人亦可以被起诉，其监护人可能面临代为承担停止侵权、赔礼道歉、赔偿损失等法律责任。

未成年人应当牢记，互联网不是法外之地，应当加强是非判断能力，远离饭圈乱象，在网络上表达自己观点的同时，也要尊重他人的合法权利，不能因盲目追星而肆意拉高踩低，一味宣泄个人情感、践踏他人人格尊严。

4. 未成年人在网络上侵害他人合法权益，是否需要承担法律责任？

一般情况下，根据法律规定，未成年人属于无民事行为能力人或者限制民事行为能力人。《民法典》第一千一百八十八条第一款规定："无民事行为能力人、限制民事行为能力人造成他人损害的，由监护人承担侵权责任。监护人尽到监护职责的，可以减轻其侵权责任。"也就是说，未成年人实施侵权行为，往往应当由监护人承担相应责任。

《民法典》第三十四条对监护人的职责与权利作出了相应规定：一方面，监护人应当代理被监护人实施民事法律行为，保护被监护人的人身权利、财产权利以及其他合法权益等。另一方面，监护人不履行监护职责或者侵害被监护人合法权益的，应当承担相应的法律责任。《民法典》第一千一百八十八条规定了监护人的责任。根据此条规定，未成年人造成他人损害的，由监护人承担侵权责任。监护人尽到监护职责的，可以减轻其侵权责任。

由于未成年人社会经验不足，心智尚未成熟，缺少辨别是非善恶的能力，极易受到网络上不良风气的影响，因此需要监护人妥善管理和引导。《未成年人网络保护条例》细化了监护人对未成年人的网络素养培育职责，即应当尽到教育、引导未成年人的职责，加强家庭家教家风建设，提高自身网络素养，规范自身使用网络的行为，加强对未成年人使用网络行为的教育、示范、引导和监督。一旦发生网络侵权行为，监护人应当承担相应责任，如向被侵权人赔礼道歉、赔偿损失等。

5. 在网络上发表针对未成年人的评论应当注意什么？

《未成年人网络保护条例》第二十六条第一款规定："任何组织和个人不得通过网络以文字、图片、音视频等形式，对未成年人实施侮辱、诽谤、威胁或者恶意损害形象等网络欺凌行为。"

未成年人的心智尚不成熟，抗压能力、精神承受能力较弱，需要社会多方主体的特殊保护。速度快、范围广且影响难以彻底消除，是互联网时代信息传播的显著特点。因此，在网络上发表针对未成年人的言论，要特别注意对未成年人身心健康可能造成的影响，务必从最有利于未成年人的角度出发考量言论的影响，而不能想当然地套用成年人的判断标准。在对未成年人进行道德评判、行为批评时，要考虑到未成年人的心智水平和心理承受能力，合理控制言论影响的范围，不得对未成年人发表含人身攻击、含侮辱性词汇的言论。

实践中，许多家长因为子女与其他未成年人发生纠纷，在互联网上发表言论、寻求舆论支持。一旦曝光未成年人真实身份、肖像等信息，会对孩子身心和双方家庭产生难以估量的影响。因此，若孩子与其他未成年人发生纠纷，应当及时与对方的监护人、学校积极沟通和协商；无法协商解决的，可以通过法律途径维护自身合法权益。动辄采用侮辱、谩骂、网络曝光、舆论战等方式，既会对未成年人造成伤害，又无法实际解决问题。

第四章

防止网络沉迷，呵护少年健康成长

漫画解法

1. 家长监护应上心　屡次充值需防范

——首次退款后，监护人未尽监护职责导致未成年人再次充值的，二次退款比例应当酌情降低

上次你打赏了八千多，好不容易让平台退还了，竟然又花这么多钱打赏！太不像话了！
我们不如再去找平台退款吧，上次就给退款了。
爸爸，对不起……
对不起，我公司第一次为您办理退款时已经声明，二次消费不予退款。
凭什么？上次可以给退，这次理应也给退！不退，我们就去起诉你们！
监护人在已经申请未成年人打赏退款后，仍然放任孩子充值打赏，属于严重失职。法院对退款比例酌情降低。
这一次的教训让我知道了，监护职责远不止物质供给，更包括对孩子行为的正确引导和监管。
家长应当加强对未成年人使用网络行为的引导和监督，并通过在智能终端产品上安装未成年人网络保护软件、选择适合未成年人的服务模式和管理功能等方式，引导未成年人树立正确的网络消费观，避免给家庭造成不必要的经济损失。
我也要学会自控。爸爸妈妈的钱来得不容易，我再也不随意打赏了。

裁判结果

法院经审理认为，本案中，未成年人在涉案直播平台的充值行为明显与其年龄、智力不符，在其法定代理人明确拒绝追认的情况下，未成年人的充值行为应认定为无效法律行为。然而，监护人应当对孩子的上网行为进行必要的监管，并妥善保管好自己的付款账户信息，但本案中的监护人显然未能妥善履行监护职责，甚至在已经知晓未成年人进行大额充值并要求直播平台退款后，仍然未能加强对孩子的监管，导致孩子在首次退款后仍然继续充值。对此，监护人的过错更为明显、程度更高。最终，法院对于未成年人要求退还全部充值款项的诉讼请求予以部分支持，并对第二次要求退款的比例予以酌情降低。

法律依据

《中华人民共和国未成年人保护法》

第十六条　未成年人的父母或者其他监护人应当履行下列监护职责：

（一）为未成年人提供生活、健康、安全等方面的保障；

（二）关注未成年人的生理、心理状况和情感需求；

（三）教育和引导未成年人遵纪守法、勤俭节约，养成良好的思想品德和行为习惯；

（四）对未成年人进行安全教育，提高未成年人的自我保护意识和能力；

（五）尊重未成年人受教育的权利，保障适龄未成年人依法接受并完成义务教育；

（六）保障未成年人休息、娱乐和体育锻炼的时间，引导未成年人进行有益身心健康的活动；

（七）妥善管理和保护未成年人的财产；

（八）依法代理未成年人实施民事法律行为；

（九）预防和制止未成年人的不良行为和违法犯罪行为，并进行合理管教；

（十）其他应当履行的监护职责。

法官解说

未成年人心智不够成熟，自制力相对不足，容易受到网络上不良信息的影响。家长应当加强对《未成年人保护法》《家庭教育促进法》《未成年人网络保护条例》等相关法律法规的学习，加强对未成年人的网络素养教育，强化对未成年人用网能力和理性消费能力的培养。

2. 账号实名需守信　冒用身份系违规
　　——未成年人冒用成年人身份信息注册游戏账号属违规行为

我的孩子还未成年，他玩游戏上瘾，耗费了大量时间，影响了学习，还进行充值，平台怎么这样随意让未成年人玩游戏？
我们的系统并没有问题，账号是成年人的信息，故没有游戏时间的限制，成年人充值不能返还……
家长未能妥善履行监护职责，具有一定过错。
我有孩子充值的监控录像！
判决游戏公司返还部分充值金额。
在未成年人用网时，家长等监护人应注意帮助孩子进行真实有效的实名认证，妥善使用网络平台未成年人模式，为未成年人营造安全健康的网络环境，切实防止网络沉迷。
本案虽然已经解决，但你作为监护人，应加强对自身身份证件及支付信息的管理，关闭免密支付等功能，避免未成年人随意转账充值。请登录北京互联网法院“首互未来”家庭教育指导板块，和孩子一起学习网络素养课程。

裁判结果

法院经审理认为，本案中家长安全用网意识不足，导致未成年人轻易获得其身份证件和支付密码进行大额充值，具有一定过错。故，法院判决游戏公司返还部分充值金额。

法律依据

《中华人民共和国民法典》

第十九条 八周岁以上的未成年人为限制民事行为能力人，实施民事法律行为由其法定代理人代理或者经其法定代理人同意、追认；但是，可以独立实施纯获利益的民事法律行为或者与其年龄、智力相适应的民事法律行为。

第三十四条第一款 监护人的职责是代理被监护人实施民事法律行为，保护被监护人的人身权利、财产权利以及其他合法权益等。

法官解说

本案中，原告系限制民事行为能力人，其充值行为未经监护人追认，应认定为无效法律行为。就合同无效的法律后果而言，被告是否应当全部返还充值款项？本案中，家长放任未成年人使用电子设备，且对自己的身份证件和支付密码保管不当，进而导致未成年人使用家长的身份信息注册账号进行实名认证，躲避平台的监管，未能妥善履行监护责任，对于未成年人大额充值具有一定过错。原告充值购买虚拟产品，被告已尽合同义务，该虚拟产品具有财产属性，原告应当返还，但由于虚拟产品具有特殊属性，并无返还可能。因此，法院判令被告部分返还充值金额。

案例讲法

1. 沈某诉某科技公司网络服务合同纠纷案
——未成年人模式形同虚设，"连麦"软件存在过错应担责

基本案情

2022年，年仅11岁的沈某在某科技公司运营的"连麦"App中2个月共充值1万余元，并兑换为平台礼物分多次赠送给平台内好友。沈某的监护人发现后，对沈某的充值及赠送礼物行为不予追认，诉至法院。某科技公司抗辩称，沈某进行充值的账号注册人为沈某监护人，无法证明充值行为由沈某做出，且沈某充值兑换的礼物已经全部被消耗，本公司已经完整履行了服务内容，也已经按照法律法规及行业标准，对用户进行风险提示，开发了未成年人模式，沈某的行为系其监护人缺乏有效监管导致的，本公司不应承担责任。

法院裁判

法院经审理查明，某科技公司在其运营的"连麦"App中通过打造个性化主题聊天室，吸引用户在线连麦聊天、唱歌、交友，成为深受年轻人追捧的新型社交App。该App外观设置为"二次元"风格，对未成年人群体具有较强吸引力。在聊天室页面功能按键中，"送礼物"按钮标识显著，用户可以轻易发起送

礼物，无须进行实名认证，仅在提取礼物收益时才需要实名认证。该"连麦"App虽然设置了未成年人模式，但模式开启后，一直停留在未成年人模式设置界面，无返回、继续使用等其他选项，只有点击关闭未成年人模式才能继续使用。法院认为，某科技公司运营的"连麦"App在界面设置、内容提供上对未成年人具有较大吸引力。在可以轻易发起充值等网络消费行为的情况下，该App应当依法依规设置未成年人模式，建立配套的未成年人身份识别机制，但该App未成年人模式虚假设置，对未成年人的保护形同虚设，某科技公司应当为未尽到合理管理义务承担责任。沈某的监护人对沈某疏于管教，导致沈某长时间使用该App，发生多笔充值交易，沈某的监护人也存在一定过错。法院依法判决某科技公司退还沈某部分充值款项。一审判决作出后，被告不服提起上诉，后经二审法院调解，当事人当庭和解，原告撤回对被告的起诉。

法官讲法

随着数字经济发展，网络社交方式愈加多样，"连麦"交友等新兴的社交方式受到未成年人追捧，一些App在界面设计、服务内容、功能设置等方面迎合未成年人的兴趣点，对未成年人具有较强吸引力。该类App应当适用强制性的未成年人身份识别机制和实用性更强的未成年人模式。这个案件反映出网络服务提供者为了节约成本、躲避监管，设置虚假未成年人模式进而逃避社会责任的不良现象。因此，虽然目前未成年人网络保护受重视程度日益提升，但是家长在未成年人用网时仍然需要积极履行监护责任，识别相关用网风险；相关部门亦应当采取有效措施对网络服务提供者是否切实履行职责加以监管；网络服务提供者应当增强其未成年人网络保护意识，合法合规地做好未成年人网络保护工作。

2. 韩某诉某科技公司网络服务合同纠纷案
——未成年人沉迷网络观看直播，法院发送司法建议推动直播平台完善未成年人保护机制

基本案情

韩某是一名小学生，在父母不知情的情况下，用其父亲的手机号在某科技公司运营的直播平台注册账号。账号注册后，韩某沉迷于观看直播，在父母不知情的情况下每天深夜长时间观看喜欢的主播的直播动态，严重影响身体健康和学习成绩。数月后，韩某的期末考试成绩较之前一落千丈，监护人方才发现韩某沉迷网络，擅自向某科技公司的直播平台账号充值10万余元，并将这些充值金额在该直播平台上通过购买虚拟礼物并打赏的形式进行消费。韩某的监护人认为，韩某作为小学生，充值的金额和消费的行为已经超过其民事行为能力的范畴，故请求法院判令某科技公司返还充值款项。

法院裁判

本案中，韩某系未成年人，其所进行的高额充值打赏行为与其身份、年龄和经济状况不相适应。在本案审理过程中，经法院主持，当事人达成和解，某科技公司同意返还韩某的充值款项。案件审结后，法院就审理过程中发现的某科技公司运营的直播平台在实名认证、未成年人身份识别、风险防控、主播监管等方面

的机制缺失和管理漏洞向该平台发送司法建议，推进该平台完善注册、充值、打赏环节的身份认证机制，优化风险监测防御机制，加强对平台主播的监管、培训、惩戒，构建未成年人内容建设体系。

法官讲法

未成年人的年龄尚小，智力尚不成熟，尚未形成正确的世界观、价值观和金钱观，自我管理能力较弱，容易发生网络沉迷。推动未成年人科学、文明、安全、合理使用网络，采取合理措施预防和干预未成年人沉迷网络，需要家庭、社会和相关政府部门的合力。本案中，家长未及时发现孩子过度用网，平台在实名认证、未成年人身份识别、风险防控、主播监管等方面的机制缺失，导致未成年人沉迷网络，并使其家庭遭受大额经济损失。虽然根据法律规定，绝大部分未成年人不具有完全民事行为能力，其充值打赏行为无效或者需要监护人追认，但未成年人沉迷网络进行大额打赏后，对事件的处理需要家长、平台耗费精力才能妥善解决，因此，得当的家庭用网教育和完善的识别机制不可或缺。

问答说法

1. 生活中哪些情形属于网络沉迷？

网络沉迷，又称"网络成瘾""网络依赖""网络沉溺"等，是指由于长时间和习惯性地沉浸在网络空间，对互联网产生强烈的依赖，达到了痴迷的程度而难以自我解脱的行为状态和心理状态。网络沉迷的人群往往不能很好地区分现实与虚幻，产生心理上的错位，对学业、家庭和人际关系都产生影响。实践中，未成年人在网络游戏、网络直播、网络购物中，都有可能产生沉迷问题，还有一些未成年人沉迷网络赌博和网络不良信息，对身心健康产生严重影响。

网络成瘾诊断问卷（Internet Addiction Diagnostic Questionnaire）设置了以下9个特征判断是否存在网络成瘾问题，每符合其中一条描述即得1分，得4分即构成网络成瘾，得1~3分为具备网络成瘾倾向：（1）由于经常上网，不上网时，脑中也一直浮现与网络有关的事情；（2）一旦不能上网，就感到不舒服、无所事事或不能静下心来干别的；（3）增加上网时间，以便满足自己的愿望；（4）上网的时间超过自己预想的时间；（5）多次想停止上网，但总不能控制自己；（6）因为上网而不能完成作业或逃学；（7）向家长或老师、同学隐瞒自己上网的事实；（8）因为上网而与家长发生冲突；（9）为了逃避现实。此外，每天上网时间都在4小时以上的，也可判定为网络成瘾。[1]

---

[1] 邬盛鑫、吴键、王辉等：《中国小学生网络行为现状及影响因素分析》，载《中国学校卫生》2020年第5期。

2. 沉迷网络有什么危害？

未成年人沉迷网络对自身和家庭都会产生较大危害。

一是影响未成年人身体健康。长时间使用电子设备，如手机、电脑等，容易导致眼睛疲劳、近视、颈椎病等问题。同时，沉迷网络还可能影响未成年人的作息和饮食习惯，导致睡眠不足、饮食不规律，进而影响身体健康。二是影响现实人际关系。过度依赖网络可能导致未成年人减少与现实世界的联系，与家人、朋友的关系疏远。同时，网络世界中的虚假信息和不良信息也会导致未成年人产生不健康的社交观念和行为。三是影响未成年人学习发展。沉迷网络容易分散未成年人的注意力，导致他们对学习失去兴趣，影响学习成绩。过度使用网络还可能影响未成年人的思维能力和创造力，阻碍其全面发展。四是影响未成年人心理健康。网络世界中的虚拟世界和现实世界存在很大的差异，未成年人如果过度沉迷于网络世界，可能会导致现实感缺失、情感麻木等问题。此外，网络中的暴力、色情等不良信息也可能对未成年人的心理健康产生负面影响。五是产生网络安全风险。未成年人在使用网络时可能面临各种安全隐患，如网络诈骗、个人信息泄露等。同时，过度使用网络也可能导致未成年人缺乏安全意识，增加发生意外事故的风险。

为此，《未成年人网络保护条例》要求学校、家庭应当教育引导未成年人参加有益身心健康的活动，如科学合理的体育运动、文化活动等，引导未成年人科学、文明、安全、合理地使用网络，预防和干预未成年人沉迷网络，呵护未成年人健康成长。

3. 家长应该如何管理好家中的电子设备？

实践案例表明，未成年人沉迷网络与家长没有妥善管理电子设备有一定关系。例如，北京互联网法院审理的大额充值打赏案中，有的家长反映，未成年人偷偷获知了家长电子设备的密码和支付密码，在家长睡着后，深夜偷玩家长手机；未成年人因为需要上网课使用电子设备，因此家长为其购买了专门的手机、电脑等，但由于疏于管理孩子的用网情况，孩子在上网课期间偷玩游戏；未成年人用自己的零花钱背着家长偷偷购买了手机、电脑等电子设备，家长未及时察觉和管理；未成年人充值成功后还会删除提示短信等，致使家长对其偷玩手机、电脑的行为长时间无法察觉。

作为家长，为避免未成年人随意使用电子设备，引发网络沉迷，可以从以下几个方面加强管理：

（1）设定密码和限制访问措施。给家中的电子设备包括手机、电脑等设定密码，特别是注意管理、保护好家长的银行卡密码、支付账户密码等金融账户密码。

（2）设定上网规则和时间限制。在不得不使用电子设备的情况下，要注意和孩子沟通，明确使用电子设备的时段和时长。例如，可以规定孩子只有在完成学业和其他事项后，才能在空余时间使用电子设备，并设定每天的上网时长。

（3）使用家长控制软件。一些互联网企业开发了限制访问程序、限制屏幕使用时间程序或未成年人模式，家长可以利用这些程序或模式限制孩子访问特定的应用程序、网站或在线服务以及使用时间。这些程序或模式通常提供实时报告和警报，方便家长随时了解孩子的在线活动。

（4）定期检查和更新设置。定期检查电子设备的设置，确保所有的限制和规则都得到有效执行。同时，随着孩子年龄的增长和需求的变化，适时调整规则和限制。

4. 家长可以采取哪些措施预防孩子网络沉迷？

《未成年人保护法》第七十一条规定："未成年人的父母或者其他监护人应当提高网络素养，规范自身使用网络的行为，加强对未成年人使用网络行为的引导和监督。未成年人的父母或者其他监护人应当通过在智能终端产品上安装未成年人网络保护软件、选择适合未成年人的服务模式和管理功能等方式，避免未成年人接触危害或者可能影响其身心健康的网络信息，合理安排未成年人使用网络的时间，有效预防未成年人沉迷网络。"具体来说，家长可以采取以下措施：

（1）设定合理的上网时间。家长应该设定明确的上网时间限制，确保未成年人不会过度使用电子设备。

（2）提供多样化的活动。家长可以通过组织各种户外活动、体育运动、阅读、艺术创作等有益身心健康的活动，丰富孩子的日常生活，使他们对网络的兴趣有所降低。

（3）加强沟通和理解。家长应该定期与孩子进行深入的沟通，了解他们在网络上的行为，倾听他们的想法和感受，帮助他们理解网络的正负面影响。

（4）树立良好的榜样。家长自身也要合理使用网络，避免在孩子面前过度使用电子设备，树立良好的榜样。

（5）使用家长控制工具。现在很多电子设备和应用都提供了家长控制工具，家长可以此来限制孩子的上网时间和内容。

（6）关注孩子的情绪变化。家长应该密切关注孩子的情绪变化，如果发现孩子有过度依赖网络的迹象，应及时进行干预和引导。

5. 什么是"未成年人模式"？

《未成年人网络保护条例》第四十三条规定："网络游戏、网络直播、网络音视频、网络社交等网络服务提供者应当针对不同年龄阶段未成年人使用其服务的特点，坚持融合、友好、实用、有效的原则，设置未成年人模式，在使用时段、时长、功能和内容等方面按照国家有关规定和标准提供相应的服务，并以醒目便捷的方式为监护人履行监护职责提供时间管理、权限管理、消费管理等功能。"

未成年人模式是一种针对未成年人的网络保护措施，旨在保护未成年人免受不良网络信息的侵害，促进未成年人健康成长。目前，各大互联网企业均推出了未成年人模式。例如，网络游戏平台通过设置时间限制、内容过滤等方式，限制未成年人的游戏时长和内容；支付平台通过提供儿童账户的功能，限制未成年人的消费金额和次数等。

2023年8月，国家互联网信息办公室发布《移动互联网未成年人模式建设指南（征求意见稿）》[①]，全面升级青少年模式为未成年人模式，推动模式覆盖范围由App扩大到移动智能终端、应用商店，对未成年人模式的时长要求也进一步细化："（1）在面

---

① 《国家互联网信息办公室关于〈移动互联网未成年人模式建设指南（征求意见稿）〉公开征求意见的通知》，https://www.cac.gov.cn/2023-08/02/c_1692541991073784.htm，最后访问时间：2024年5月17日。

向不满 8 周岁用户的未成年人模式中，移动智能终端应支持默认使用总时长不超过 40 分钟，同时提供家长豁免操作；（2）在面向 8 周岁以上不满 16 周岁用户的未成年人模式中，移动智能终端应支持默认使用总时长不超过 1 小时，同时提供家长豁免操作；（3）在面向 16 周岁以上不满 18 周岁用户的未成年人模式中，移动智能终端应支持默认使用总时长不超过 2 小时，同时提供家长豁免操作；（4）在未成年人模式下，当未成年人用户连续使用移动智能终端时长超过 30 分钟，移动智能终端应发出休息提醒；（5）在未成年人模式下，移动智能终端每日 22 时至次日 6 时期间禁止向未成年人提供服务……"推出未成年人模式既是网络平台履行社会责任的要求，也是为未成年人营造安全健康的网络环境的有力途径。

6. 购买成年人游戏账号"代充值"有哪些风险？

2007 年 4 月、2011 年 7 月，新闻出版总署、中央文明办、教育部、公安部、工业和信息化部（原信息产业部）、共青团中央、中华全国妇女联合会、中国关心下一代工作委员会八部门先后联合下发《关于保护未成年人身心健康实施网络游戏防沉迷系统的通知》《关于启动网络游戏防沉迷实名验证工作的通知》，关注未成年人网络游戏沉迷问题。2019 年 10 月 25 日，国家新闻出版署发布《关于防止未成年人沉迷网络游戏的通知》，要求网络游戏企业实施网络游戏账号实名注册制度。2021 年，《国家新闻出版署关于进一步严格管理切实防止未成年人沉迷网络游戏的通知》进一步明确，严格限制向未成年人提供网络游戏服务的时间，所有网络游戏企业仅可在周五、周六、周日和法定节假日每日 20 时至 21 时向未成年人提供 1 小时网络游戏服务，其他时间均不得以任何形式向未成年人提供网络游戏服务。

在上述规范的规定下，被实名认证为未成年人的账号在游戏时长、游戏内容方面均受到限制。为此，一些未成年人"另辟蹊径"，通过购买成年人实名认证的账号来绕过防沉迷系统的相关设置。在北京互联网法院审理的一起网络购物合同纠纷案中，15 岁的陈某（化名）使用父亲的手机，在某网络购物平台花费数千元购买成年人账号并通过"代充值"服务，绕过游戏平台的未成年人模式。法院在案件审理中还发现，在一些电商购物平台和社交软件上，商家宣传、销售成年人实名制网游账号，用"无时间限制""绕过未成年人模式"等宣传吸引未成年人购买，只要付款，就能获得成人实名认证的网游账号，使用时段、在线时长、充值金额将不再受到防沉迷系统限制。未成年人"买号""代充值"这些看似行得通的"小聪明"实则暗藏了很大风险。比如，代充值店铺充值渠道复杂，包括低价购买内部礼品券充值赚取差价、利用支付系统漏洞"薅羊毛"，甚至利用非法收集的 ID 盗刷他人信用卡。

未成年人向游戏平台或代充值店铺等主张退还充值款项时，店铺往往主张实际充值款已支付到游戏平台，而游戏平台则主张未实际收到该笔充值款。在有的案件中，未成年人支付的充值款项经过多重流转，最终去向查明困难，未成年人维权受阻。此外，渠道不明的支付手段还可能引发洗钱、盗刷信用卡、信用卡套现等更为严重的违法犯罪行为。未成年人、家长、电子商务平台、网络游戏服务提供者等都应当对"买号""代充值"这类行为给予高度重视，提高警惕，尽力避免。

7. 发现网络软件诱导未成年人沉迷网络，可以向哪些机构反映？

互联网已经成为人们日常生活不可或缺的组成部分，引导未成年人健康上网，预防网络沉迷需要多方协同、社会共治。

《未成年人网络保护条例》第三十九条规定："对未成年人沉迷网络进行预防和干预，应当遵守法律、行政法规和国家有关规定。教育、卫生健康、市场监督管理等部门依据各自职责对从事未成年人沉迷网络预防和干预活动的机构实施监督管理。"该规定明确了教育、卫生健康、市场监督管理等部门在预防未成年人网络沉迷中的重要作用。

发现网络软件诱导未成年人沉迷网络，可以向以下部门及时反映：

（1）网信部门。网信部门是负责网络信息内容管理的部门，可以向其举报网络软件存在的违法违规问题，包括诱导未成年人沉迷网络的情况。12377是中央网信办（国家互联网信息办公室）违法和不良信息举报中心设立的免费举报电话，举报网址为http://www.12377.cn，举报邮箱为jubao@12377.cn。

（2）教育部门。教育部门是负责未成年人教育工作的部门，可以向其反映网络软件对未成年人学习、成长的不良影响，提出加强监管的建议。

（3）消费者协会。如果网络软件的诱导行为涉及消费者权益问题，可以向当地的消费者协会投诉，寻求帮助和支持。

第五章

理性网络消费,避免家庭经济损失

漫画解法

1. 网络世界迷人眼　清醒认识最关键
——直播欺骗未成年人打赏系违法行为

"首互未来"调解时间

主播跑路，我们已经报警了，款项还没追回呢，平台一定要承担责任！

平台是网络服务提供者，难以识别海量用户发布的内容，不应承担责任。

以赠送汽车欺骗未成年人打赏违法，平台应该尽到管理责任，出现问题应积极采取措施补救。

我们会加强监管，退还平台收取的那部分款项。

家长是孩子的监护人，应当教育引导未成年人参加有益身心的活动，科学、文明、安全、合理使用网络，陪伴孩子健康快乐成长。

网络服务提供者应当遵守法律、行政法规和国家有关规定，尊重社会公德，遵守商业道德，履行未成年人网络保护义务，承担社会责任。

谢谢法官，以后我们一定加强对孩子的陪伴。

裁判结果

本案中,双方当事人在法院主持下达成和解。平台向原告退还了充值款中平台收取的部分,并表示将积极配合警方调查,加强对网络用户和平台内容的监管,避免此类事件再次发生。

法律依据

《中华人民共和国民法典》

第一千一百九十五条 网络用户利用网络服务实施侵权行为的,权利人有权通知网络服务提供者采取删除、屏蔽、断开链接等必要措施。通知应当包括构成侵权的初步证据及权利人的真实身份信息。

网络服务提供者接到通知后,应当及时将该通知转送相关网络用户,并根据构成侵权的初步证据和服务类型采取必要措施;未及时采取必要措施的,对损害的扩大部分与该网络用户承担连带责任。

权利人因错误通知造成网络用户或者网络服务提供者损害的,应当承担侵权责任。法律另有规定的,依照其规定。

法官解说

《未成年人网络保护条例》第六条规定,网络产品和服务提供者、个人信息处理者、智能终端产品制造者和销售者应当遵守法律、行政法规和国家有关规定,尊重社会公德,遵守商业道德,诚实信用,履行未成年人网络保护义务,承担社会责任。网络世界纷繁复杂，内容往往良莠不齐，网络服务提供者面对海量用户和内容，虽然难以做到一一审核，但在接到用户的投诉、举报后，应当及时受理，配合相关部门妥善化解纠纷。

2. 大额充值有危害　监护责任放心上

——家长未及时发现未成年人大额充值，应在未尽到监管义务的范围内承担相应责任

我的孩子才10岁，他进行的充值，我要申请退款！
您好，您的孩子单次充值数额较小，孩子具有处分这部分资金的民事行为能力，不需要法定代理人追认，不支持退还哦……
我要把你们起诉到法庭！
15:42
孩子单次充值金额较大，且持续时间长，家长没有及时发现，需要承担一定责任。
我们确实应该早点关注到孩子在充值……
网络平台不得放任未成年人不合理消费，家长也应加强对个人账户的管理和对孩子的教育引导，帮孩子树立正确的金钱观，保护孩子健康成长。

裁判结果

法院经审理认为，原告的家长虽未向孩子主动告知其身份信息、支付密码，但在未安装未成年人保护软件的情况下允许孩子使用手机，同时没有对孩子使用手机的具体用途加以约束，导致原告在脱离监管的情况下实施充值行为数百次，单笔金额最高达680元，存在疏于监管的情形，应当在未尽监管义务的范围内承担一定责任。故，法院判决被告返还原告部分充值款项。

法律依据

《未成年人网络保护条例》

第十七条　未成年人的监护人应当加强家庭家教家风建设，提高自身网络素养，规范自身使用网络的行为，加强对未成年人使用网络行为的教育、示范、引导和监督。

第四十一条　未成年人的监护人应当指导未成年人安全合理使用网络，关注未成年人上网情况以及相关生理状况、心理状况、行为习惯，防范未成年人接触危害或者可能影响其身心健康的网络信息，合理安排未成年人使用网络的时间，预防和干预未成年人沉迷网络。

法官解说

网络平台不得放任未成年人不理性消费，家长也应加强对个人账户的管理和对孩子的教育引导，善于使用未成年人模式，合理安排孩子的上网时间，关注孩子的用网行为，为孩子树立正确的金钱观和消费观，保护孩子健康成长。

案例讲法

1. 杨某与某科技公司、朱某网络充值打赏案
—— 主播以"网恋"为手段诱导未成年人打赏需要承担相应责任

基本案情

13周岁的杨某因病在家休养期间，使用家长为其配备的用于上网课的手机注册了某科技公司运营的某直播平台账号，并关注了主播朱某并向其打赏近1万元。该大额打赏的行为引起了朱某的关注，朱某遂主动联系杨某，杨某未告知朱某其为未成年人，制造了自己已经成年的假象，与朱某言语暧昧。为逃避直播平台监管，朱某进一步添加杨某的微信，在平台外交流，嘘寒问暖，并以"媳妇"称呼杨某，营造与杨某"网恋"的假象。在"网恋"过程中，朱某多次以与其他主播PK热度，需要打赏等理由让杨某为其打赏，其间不断用"我知道你会帮我我才找你的""这都是你答应我的，画的饼没实现""你打10万，平台抽走4万，我返你6万，我不赚你的钱"等诱导杨某。杨某深陷与朱某"网恋"的"甜蜜"氛围中，仅三个月就累计向朱某打赏46万余元。杨某母亲自述，该笔费用是杨某父亲用于看病的医药费，该笔支出与杨某的年龄和认知水平不相适应，杨某母亲对杨某的打赏支出不同意、不追认，遂将某科技公司和朱某诉至法院。

法院裁判

法院经审理认为，朱某从事主播行业，应当以精彩的直播表演、巧妙的直播创意吸引用户关注、增加流量和收益，而不应以欺骗感情、诱导打赏等方式来为自己牟利。某科技公司作为直播平台提供者应当压实平台责任，对平台内存在的直播乱象进行治理，对主播行为进行约束，优化直播内容。杨某作为未成年人，对金钱、感情等的认知具有一定局限性，容易陷入"网恋"的虚假甜蜜中，进行不理性消费等行为，杨某的监护人应当加强对其行为的引导，关心孩子的情感需求。考虑到杨某充值打赏款项为杨某父亲的医药费，为帮助杨某的家庭早日挽回损失，在法院的主持下，三方达成和解，朱某和某科技公司退回大部分打赏款项。

法官讲法

随着直播经济的兴起，一些主播不满足于单纯依靠直播内容引流打赏，而是在直播外对粉丝嘘寒问暖，以虚情假意制造"甜蜜"氛围，让粉丝自认为遇到了美好的爱情。殊不知，这些"甜蜜"背后都是套路满满的剧本，从"帮忙刷礼物上榜"到"最近困难需要渡过难关"，都是预先准备好的诱导打赏话术。未成年人分辨能力不强、对情感认识不深，更容易掉入"甜蜜陷阱"，家长应当关注孩子的情感需求，加强引导。平台和主播也应当规范自身行为，遏制诱导打赏、欺诈打赏等违法行为，以营造良好的直播环境。

2. 秦某等诉尤某、某科技公司信息网络买卖合同纠纷案
——未成年人开设网店超越其年龄、智力、经济情况所适应的范围，订立的买卖合同无效

基本案情

尤某系已满16周岁的未成年人，在某科技公司运营的电子商务平台上开设了店铺，向数十人出售定制版明星图册，并在平台上进行虚拟发货。数月后，尤某实际发货，秦某等收到商品后，发现商品与描述、打样不符。秦某等认为，尤某销售的产品与宣传不符，应依法承担相应责任。某科技公司作为平台经营者，应对平台内经营者的资质进行审查与监管，但其未尽职责。数十名买家诉至法院，请求判令尤某退还购货款，某科技公司承担连带赔偿责任。

法院裁判

未成年人可以实施与其年龄、智力、经济情况相适应的行为。法院经审理发现，尤某未满18周岁，其在电子商务平台开设店铺销售大量定制版明星图册引发纠纷，与其身份、年龄和经济状况不相适应。虽然根据《电子商务法》第四十八条第二款的规定，在电子商务中推定当事人具有相应的民事行为能力。但是，有相反证据足以推翻的除外。本案中，尤某以自己的身份证

号注册店铺,且没有证据证明其以自己的劳动收入作为主要生活来源,关于其是否具有民事行为能力,所签订合同是否有效,平台应当准确识别并采取相应措施。在本案审理过程中,经法院主持,秦某等与尤某的监护人达成和解。案件审结后,法院就审理过程中发现的问题向平台经营者某科技公司发送司法建议,特别指出了其在对未成年人开设网店的审核和提示方面存在的问题。该公司回函表示将加强对已满16周岁的未成年人作为平台内经营者的审核和提示,加强日常管理,并进一步完善发货提示、确认功能。

法官讲法

作为"互联网原住民",未成年人以消费者身份参与互联网交易的行为日益普遍。未成年人在平台上开设店铺、销售商品,应该具备相应的行为能力。未成年人在网络交易中损害他人权益的,其监护人应当代为承担相应责任。根据《电子商务法》第四十八条第二款的规定,在电子商务中推定当事人具有相应的民事行为能力。但是,有相反证据足以推翻的除外。本案中,尤某使用自己的身份信息注册电子商务平台店铺,电子商务平台经营者理应核实其民事行为能力,避免相关风险。因此,平台经营者应当建立健全未成年人保护工作机制,修复管理漏洞,防范涉未成年人风险发生。

问答说法

1. 未成年人可以开设网店吗？

近年来，未成年人参与网络交易的行为日益普遍。由于未成年人身心尚未成熟，社会经验不足，在网络交易中容易出现不规范行为。《民法典》对未成年人的民事行为能力作出了明确规定，根据年龄和收入来源，作出以下划分：（1）不满8周岁的未成年人为无民事行为能力人，由其法定代理人代理实施民事法律行为。（2）8周岁以上的未成年人为限制民事行为能力人，实施民事法律行为由其法定代理人代理或者经其法定代理人同意、追认；但是，可以独立实施纯获利益的民事法律行为或者与其年龄、智力相适应的民事法律行为。（3）16周岁以上的未成年人，一般为限制民事行为能力人，但以自己的劳动收入为主要生活来源的，视为完全民事行为能力人。

纯获利益是指限制民事行为能力人不会遭受法律上的负担，也即不减损权利也不增加义务。在判断限制民事行为能力人实施的民事法律行为是否与其年龄、智力、精神健康状况相适应时，可以从行为与本人生活相关联的程度，本人的智力、精神健康状况能否理解其行为并预见相应的后果，以及标的、数量、价款或者报酬等方面认定。从年龄来看，不满16周岁或者虽满16周岁未满18周岁但不以自己的劳动收入为主要生活来源的未成年人不能办理个体工商户营业执照，也不能在电商平台注册经营店铺。开设网店不属于纯获利益的行为，亦不属于与16周岁以下的未成年人年龄、智力相适应的行为。因此，16周岁以下的未成年人不能从事开设网店的经营行为。对于16周岁以上的未成年人，也只有在他确实是以自己劳动所得为主要生活来源的情况下，才可以视为完全民事行为能力人，否则其开设网店与他人订立的信息网络买卖合同效力待定。如果监护人不予追认，则合同无效。合同确定无效后，行为人因该行为取得的财产，应当予以返还；不能返还或者没有必要返还的，应当折价补偿。同时应根据各方过错程度及损失情况确定返还的数额。

2. 未成年人大额充值打赏，可以要求返还充值打赏金额吗？

《民法典》第十九条规定："八周岁以上的未成年人为限制民事行为能力人，实施民事法律行为由其法定代理人代理或者经其法定代理人同意、追认；但是，可以独立实施纯获利益的民事法律行为或者与其年龄、智力相适应的民事法律行为。"第二十条规定："不满八周岁的未成年人为无民事行为能力人，由其法定代理人代理实施民事法律行为。"第一百四十五条第一款规定："限制民事行为能力人实施的纯获利益的民事法律行为或者与其年龄、智力、精神健康状况相适应的民事法律行为有效；实施的其他民事法律行为经法定代理人同意或者追认后有效。"

一般而言，8周岁以下的未成年人实施的大额充值打赏行为，属于无效民事法律行为；8周岁以上的未成年人实施的上述行为如果与其年龄、智力不相适应，则为效力待定的民事法律行为，需要经法定代理人同意、追认才具有法律效力，如果法定代理人不同意或不予追认，则该行为无效。

《民法典》第一百五十七条规定："民事法律行为无效、被撤销或者确定不发生效力后，行为人因该行为取得的财产，应当予以返还；不能返还或者没有必要返还的，应当折价补偿。有过错的一方应当赔偿对方由此所受到的损失；各方都有过错的，应当各自承担相应的责任。法律另有规定的，依照其规定。"未成年人的监护人一方主张充值打赏行为无效的，应当举证证明涉案行为为未成年人实施，法院将通过未成年人的自述、充值打赏时间等是否符合未成年人年龄特征等因素进行综合判断。

如果未成年人的充值打赏行为被认定为无效，是否可以要求网络服务提供者全部返还充值的款项呢？这也不能一概而论，一般需要综合监护人、平台、充值打赏金额的情况等因素确定。在监护人方面，一般重点关注未成年人的监护人是否对未成年人尽到了监护职责，对自身手机及账户资金是否疏于管理，未成年人的充值打赏行为是否在有效监护下仍难避免，上述情形中监护人是否存在过错。在平台方面，一般重点关注平台是否结合其平台性质对用户的年龄限制进行明确约定和提醒，是否采取有效监测、切实充分的技术措施，是否存在有效的主播监管行为等。法院将在充分考虑各方过错程度及损失的情况下，确定应当返还的充值打赏金额。

3. 针对未成年人的电信网络诈骗主要有哪些形式？

电信网络诈骗方式层出不穷，未成年人的防诈骗安全教育势在必行。实践发现，针对未成年人的电信网络诈骗形式主要有以下五种：

（1）"免费道具"。诈骗分子先宣称免费赠送游戏装备、皮肤，再谎称需要扫码领取，扫码领取后又谎称存在非法领取的情况，诱导恐吓未成年人用家长的手机进行转账操作，并且运用各种话术诱导受害人反复付款，骗取大额钱款后立刻"消失"。

（2）"红包返利"。诈骗分子通过短视频网站、聊天工具等渠道发布红包返利虚假信息，诱骗未成年人入群，先利用首次小额返红包的方式引诱未成年人放松警惕，随后以手续费、转账费、红包费等多种借口进行诈骗。

（3）"解除防沉迷"。诈骗分子宣称能"解除游戏防沉迷限制"，通过屏幕共享等手法，欺骗未成年人获取其亲属微信、支付宝账号及支付密码来骗取钱财。

（4）"饭圈福利"。诈骗分子利用"饭圈文化"，诱骗未成年人加入粉丝群，以打榜、"明星福利"等名义引诱未成年人扫码、付费。诈骗分子经常以加入"明星粉丝QQ群"为诱饵，声称完成任务可领取礼品、明星签名，诱导未成年人进行转账或刷单。

（5）"诱导打赏"。诈骗分子在直播中通过打赏返利、言语诱导的方式哄骗未成年人进行打赏，随后利用未成年人心智不成熟、辨别能力弱的情况通过私信的方式指挥、威胁、恐吓未成年人继续打赏大额礼物、私下转账。例如，有未成年人在观看直播的过程中，听信主播打赏火箭可获赠赛车的谎言，一夜之间打赏17万元，此后主播注销账户跑路，钱款难以追回。

4. 未成年人遭遇网络诈骗应该怎么办？

网络诈骗不同于普通诈骗，其主要在网络上以各种形式向受害者骗取财物，方式更加多样，行为更加隐蔽，范围更加广泛，行骗手段层出不穷、不断翻新。不法分子多以缺乏保护意识和防骗意识的未成年人、老年人等群体为目标。由于缺乏理性辨别意识和能力，未成年人更成为不法分子行骗的主要潜在目标。在上网过程中，未成年人应特别注意增强网络安全意识，不轻信陌生人的信息，谨防虚假优惠、游戏皮肤赠送、账号解冻等诈骗手段，不随意下载和安装不明软件，不要轻易点击来源不明的链接，定期更新、升级防病毒软件，为自己的电脑安装上坚固的"铠甲"。家长也应尽到引导防范责任，管理好大额账户、支付密码、软件下载等。

我国一贯注重保护人民群众的财产安全，严厉打击一切侵害公民财产安全的不法行为。《治安管理处罚法》第四十九条规定："盗窃、诈骗、哄抢、抢夺、敲诈勒索或者故意损毁公私财物的，处五日以上十日以下拘留，可以并处五百元以下罚款；情节较重的，处十日以上十五日以下拘留，可以并处一千元以下罚款。"《刑法》第二百六十六条规定："诈骗公私财物，数额较大的，处三年以下有期徒刑、拘役或者管制，并处或者单处罚金；数额巨大或者有其他严重情节的，处三年以上十年以下有期徒刑，并处罚金；数额特别巨大或者有其他特别严重情节的，处十年以上有期徒刑或者无期徒刑，并处罚金或者没收财产。本法另有规定的，依照规定。"

未成年人遭遇网络诈骗，应及时向家长或老师求助，注意保存聊天记录、转账记录等证据材料，紧急情况下拨打110报警电话，如实向公安机关陈述事情经过，积极配合公安机关的调查取证工作，以便及时挽回被骗财物，早日将不法分子绳之以法。

5. 未成年人如何防范网络诈骗？

未成年人涉世不深，缺少社会经验，对利用网络实施财产犯罪的警惕意识、甄别意识和防范意识不强，成为受骗的高危人群和防骗的薄弱环节。防范未成年人遭遇网络诈骗，家长与孩子需共同做到：

一是家长要与孩子加强交流，注重防诈骗教育。在日常生活中，家长要和孩子多交流，讲述诈骗相关案例，引导孩子加强防范，遇到无法辨别的事情，要第一时间告诉老师、家长，并及时报案。

二是家长要提高警惕，保管好支付信息。家长不要将自己的手机支付密码、银行卡密码等重要信息告知孩子，同时也需要关注孩子下载的 App 软件、微信账号、支付宝账号等的使用情况。

三是孩子要注意保护个人信息。不要随意注册、填写身份证号、手机号、银行卡号等个人信息，不要轻信来历不明的电话和短信。牢记未知链接不点击，陌生来电不轻信，个人信息不透露。

6. 未成年人如何远离"帮信罪"？

2015年11月起施行的《刑法修正案（九）》新增帮助信

网络犯罪活动罪（以下简称"帮信罪"），主要指行为人明知他人利用信息网络实施犯罪，为其犯罪提供互联网接入、服务器托管、网络存储、通讯传输等技术支持，或者提供广告推广、支付结算等帮助的犯罪行为。该行为是电信网络犯罪的重要帮凶。

随着信息技术的蓬勃发展，"两卡"（银行卡、手机卡）逐渐成为电信网络诈骗犯罪分子实施诈骗犯罪行为、转移赃款的重要工具。一些未成年人，特别是16周岁到18周岁的未成年人，由于社会阅历不足、法律意识淡薄，容易被贩卡团伙拉拢、利诱，成为犯罪"工具人"。

帮助未成年人远离"帮信罪"，需要社会、学校、家庭与未成年人自身的共同努力：

一是加强家庭、学校对未成年人的教育引导。家长和老师是未成年人成长过程中的重要依靠。未成年人要主动与家长、老师沟通，遇到问题及时求助，避免走上歧途。家长要重视家庭教育和引导，认真履行监护责任，以身作则，做未成年人知法守法的好榜样。学校作为教育的主体，在开展知识教育的同时，要注重对学生的法治教育。

二是要加强社会层面的管理，营造社会法治氛围。相关部门要加强对网吧、酒吧等娱乐场所的监管，定期对经营管理人员进行法治培训，坚决制止诱惑、唆使、允许未成年人进入上述场所的行为。充分利用新媒体优势，结合未成年人关注的热点问题，选取典型"帮信罪"案例，通过制作专题教育片、宣传海报等方式，宣传防范网络犯罪相关知识，为未成年人健康成长营造良好氛围。

三是要帮助未成年人树立正确的法律观念，增强警惕意识。未成年人要树立正确的法律观念，认真学习法律法规，了解"帮信罪"的定义、危害和后果。只有了解法律边界，才能在实际生活中避免触犯法律。未成年人要学会分辨是非，对可疑行为保持警惕，不轻信他人的甜言蜜语，避免被犯罪分子利用。未成年人要妥善保管自己的身份证、银行卡、手机卡等，不随意泄露个人信息，更不能将个人信息出售或出租给他人。在实习、兼职时要擦亮双眼，仔细甄别用工主体和工作内容的合法性，不要被高薪所利诱，不得从事帮助不法分子取现、买卖电话卡和银行账户、冒充客服电话引流、线下推广引流、批量注册软件、跑分等违法行为。

第六章

提升网络素养,增强家庭用网能力

漫画解法

1. 网络消费有限度　大额支出父母定
——未成年人网购大额商品未经追认，购买行为不生效

我是小明的妈妈，我的孩子在你店里买了摩托车，我不同意。
摩托
您好，很抱歉呢，我无法确认您的身份。
他买车没有经过父母同意，我们要求退货退款！
都像您这样来找我退钱，我生意还怎么做啊，建议您走法律程序吧！
摩托车不属于普通生活用品，且对驾驶年龄有限制要求，从商品性质和价格看，小明的购买行为明显不适应其年龄。这种交易在监护人不予追认的情况下，不发生法律效力。双方应该相互返还货物和货款。
14:09
被告在要求原告提供身份证开发票的时候，已经可以了解到对方系未成年人。
托
但直至原告父母联系客服明确表示不同意买卖合同订立时，客服仍未进行全面了解或调查。被告的处理存在迟滞和不专业的情况，在以后的交易中一定要加以注意！

裁判结果

法院经审理认为，原告网购大额商品的行为与其年龄不相适应，未经法定代理人同意、追认，不发生效力，双方应该按照法律规定相互返还货款、货物。原告未经父母同意即使用母亲账户支付，监护人未能合理监管原告的网络消费行为，存在一定过错；被告在销售过程中也存在一定过错，产生的相关费用由双方共同负担。

法律依据

《中华人民共和国民法典》

第十九条 八周岁以上的未成年人为限制民事行为能力人，实施民事法律行为由其法定代理人代理或者经其法定代理人同意、追认；但是，可以独立实施纯获利益的民事法律行为或者与其年龄、智力相适应的民事法律行为。

第一百五十七条 民事法律行为无效、被撤销或者确定不发生效力后，行为人因该行为取得的财产，应当予以返还；不能返还或者没有必要返还的，应当折价补偿。有过错的一方应当赔偿对方由此所受到的损失；各方都有过错的，应当各自承担相应的责任。法律另有规定的，依照其规定。

法官解说

在信息网络买卖法律关系中，判断对方当事人是否具有行为能力相较传统的线下交易难度更大。商家在交易时虽然无法一一查验消费者的身份信息，核实消费者是否具有完全民事行为能力，但在消费者提供身份证或者通过其他渠道了解到对方系未成年人时，应及时催告监护人追认。此外，父母应当加强对孩子的教育，引导未成年人树立理性、正确的消费观念，同时保管好消费账户和支付账户，以免发生不符合未成年人年龄、智力的消费情况。

2. 直播打赏一时爽　爸妈发现泪两行
　　——父母和网络平台都应采取有效措施预防未成年人大额打赏

我们同意和解。
我们也同意，商量一下退还充值款的事吧。
关于未成年人识别机制不完善等情况的司法建议
实名认证、未成年人身份识别、风险防控、主播监管……
作为网络平台，我们应该承担好保护未成年人的社会责任，进一步优化未成年人保护功能。
家庭教育指导令
1. 合理安排孩子的上网时间，引导孩子形成健康的用网习惯。
2. 管理好家庭及个人的电脑、手机等上网设备，安装未成年人网络保护软件，选择适合未成年人的服务模式和管理功能，设置必要的支付密码。
3. 接受家庭教育指导。
请在北京互联网法院“首互未来”线上家庭教育平台接受家庭教育指导。
感谢法官！看来，我们也得学好用网知识，才能更好地教育孩子。

裁判结果

在案件审理过程中，法院发现小 A 的父母作为监护人，将个人手机交予小 A 使用，但不关注使用时间及内容，且对个人支付账户保管不当，反映出小 A 的父母存在对未成年子女关注不足、自身网络安全意识不强等问题，致使小 A 在一定程度上沉迷网络。法院遂向小 A 的父母发出家庭教育指导令，要求其教育、引导子女健康上网，加强亲子陪伴，预防未成年人沉迷网络，并在法院线上家庭教育平台接受家庭教育指导，学习掌握主要直播平台的"青少年模式"使用指南、提升家长网络素养及孩子自我管理能力方面的相关知识。

法律依据

《中华人民共和国家庭教育促进法》

第四十九条 公安机关、人民检察院、人民法院在办理案件过程中，发现未成年人存在严重不良行为或者实施犯罪行为，或者未成年人的父母或者其他监护人不正确实施家庭教育侵害未成年人合法权益的，根据情况对父母或者其他监护人予以训诫，并可以责令其接受家庭教育指导。

法官解说

未成年人的年龄尚小，智力尚不成熟，尚未形成理性消费的意识，在互联网经济高速发展的当下，未成年人非理性高额充值打赏已经成为不可忽视的问题。本案充分体现了法院在未成年人涉网案件办理过程中审判职能延伸作用的发挥。一方面，积极促进调解，及时维护未成年人合法权益；另一方面，就审理过程中发现的被告作为网络直播平台经营者在未成年人保护工作中的机制缺失和管理漏洞，向平台方发出司法建议，有利于敦促相关平台履行社会责任，为未成年人的健康成长营造安全、健康的网络空间。

案例讲法

1. 许某诉某公司网络服务合同纠纷案
——搭建全国法院首个线上家庭教育平台,开展家庭教育指导

基本案情

许某是一名小学生,在放假期间,许某父母在未安装未成年人网络保护软件、未选择适合未成年人的服务模式和管理功能、未采取有效消费管理措施的情况下,将许某母亲的手机交予许某使用,使得许某以其母的名义注册某直播平台账号,在无须输入支付密码的情况下,即得以在网络平台对游戏直播进行充值打赏,仅6天就打赏了1万余元。许某的监护人认为该大额充值行为不发生法律效力,诉至法院,要求退还已充值的款项。

法院裁判

在法院审理案件期间,许某本人线上出庭说明情况,证明充值确由其本人实施,后许某的父母与被告达成和解协议,申请撤回起诉。针对许某父母放任子女使用电子设备、自身网络安全意识不足、对许某用网行为管理不当的问题,法院联合调解员依据《家庭教育促进法》对许某的父母进行了家庭教育指导,要求许某的父母合理安排许某的上网时间,引导其形成健康的用网习惯,加强陪伴,预防其沉迷网络;监管许某在使用网络社交等服

务时进行实名身份认证,以发挥未成年人模式的保护作用;增强个人网络安全意识及用网能力,管理好家庭及个人的电脑、手机等上网设备,管理好个人的银行卡、支付宝及密码等信息,设置必要的支付密码并妥善保管,避免此类案件再次发生。

法官讲法

近年来,未成年人在网络游戏、网络直播等平台大额充值打赏的纠纷不断引发关注。法院在案件审理中发现,涉未成年人充值打赏纠纷中,许多未成年人的家长存在自身网络素养不足,对个人电子设备或支付密码保管不当,对未成年人用网行为教育、示范、引导和监督不到位等问题。本案就是这样一起典型案件。法院发现上述问题后及时向许某的父母发出家庭教育指导令,督促其尽快提升自身网络素养,教育引导未成年人科学、文明、安全、合理使用网络。

为进一步提升网络保护家庭教育水平,北京互联网法院结合涉网案件特点,与相关研究机构共同创设全国法院首个线上家庭教育平台。北京互联网法院线上平台"首互未来"的网址为 https://www.bjinternetcourt.gov.cn/shFuture.html,读者打开网址后点击"家庭教育指导"便可以找到与未成年人家庭教育相关的内容,包括健康上网、网络法治、家庭教育三个板块,集合来自司法机关、高校等研究机构、有关社会组织、行业协会等不同领域提供的专业课程及主要互联网平台的"青少年模式"使用指南,切实为家庭安全用网提供智力支持。本案即是依托该平台,帮助监护人提升网络素养的实例。

此外，法院还建立起家庭教育指导反馈机制，通过与接受家庭教育指导义务人进行谈话、发放问卷等方式，及时跟进了解他们的学习情况，督促他们正确履行家庭教育责任。

2. 何某诉某公司网络服务合同纠纷案
——法官联合调解员为留守儿童开展线上家庭教育指导

基本案情

何某年仅10周岁，居住在西南偏远地区，学习成绩优异。因父母忙于生计，工作不稳定，何某自幼与姨父姨母生活在一起。由于家人网络安全意识不足，缺乏对未成年人用网行为的监督管理，在2022年国庆假期，何某私自使用家人的微信、支付宝在某视频网络平台进行信用卡充值打赏消费，金额高达7万余元。何某的监护人认为该大额充值行为不发生法律效力，诉至法院，要求退还已充值的款项。

法院裁判

在法院审理期间，当事人达成和解协议，原告申请撤回起诉。在案件审理过程中，法院发现何某长期在姨父姨母家中生活，父母及成年共同居住人缺乏对何某用网行为的监督管理，且对个人支付宝、微信钱包和银行卡密码保管不当，导致何某可以轻易发起网络支付。法院遂向何某的父母及姨父姨母发出家庭教育指导令，要求其树立教育引导孩子健康上网的意识，引导孩子形成健康的用网习惯，加强陪伴，预防孩子沉迷网络；选择适合未成年人的服务模式和管理功能；提升个人网络安全意识及用网能力，管理好家庭及个人上网设备，保管好银行卡，对网络支付设置必要的支付密码并妥善保管。

法官讲法

近年来，未成年人特别是留守儿童的网络沉迷及网络大额消费问题引发关注。我国《家庭教育促进法》第二条以法律形式规定了"家庭教育"的含义，即父母或者其他监护人为促进未成年人全面健康成长，对其实施的道德品质、身体素质、生活技能、文化修养、行为习惯等方面的培育、引导和影响。网络素养教育也是家庭教育的一部分。现实生活中，许多留守儿童的监护人由于忙于生计，委托他人照护孩子，但委托他人照护并不意味着监护义务的移转。《家庭教育促进法》第二十一条规定，未成年人的父母或者其他监护人依法委托他人代为照护未成年人的，应当与被委托人、未成年人保持联系，定期了解未成年人学习、生活情况和心理状况，与被委托人共同履行家庭教育责任。因此，即使监护人委托他人照护未成年人，亦应当根据法律规定尽监护人应尽的义务，和被委托人共同实施家庭教育，正确履行家庭责任，为未成年人的健康成长保驾护航。

问答说法

1. 什么是未成年人网络素养？

2016年4月，习近平总书记在主持召开网络安全和信息化工作座谈会时强调："培育积极健康、向上向善的网络文化，用社会主义核心价值观和人类优秀文明成果滋养人心、滋养社会，做到正能量充沛、主旋律高昂，为广大网民特别是青少年营造一个风清气正的网络空间。"未成年人网络素养是事关网络强国与青少年成长成才的大事，是党和政府及全社会共同关注的热点。概括来说，网络素养是科学素养、道德素养的一部分。《未成年人保护法》提到，国家、社会、学校和家庭应当加强未成年人网络素养宣传教育，培养和提高未成年人的网络素养，增强未成年人科学、文明、安全、合理使用网络的意识和能力，保障未成年人在网络空间的合法权益。《未成年人网络保护条例》指出，培养未成年人网络素养，就是要围绕网络道德意识形成、网络法治观念培养、网络使用能力建设、人身财产安全保护等方面，培育未成年人的网络安全意识、文明素养、行为习惯和防护技能。

随着互联网日益普及化，网络素养涵盖的内容愈加丰富，包括网络信息辨别能力、网络使用能力、网络社交能力、网络协作能力、网络规范的认知能力等，网络素养是营造良好网络空间秩序、促进网络环境健康发展的基础与前提。

基于此，《未成年人网络保护条例》逐条详细规定了国家、社会、学校、家庭以及网络服务提供者等在网络素养宣传教育方面应当履行的各项义务，为广大未成年人构筑了一张严密的网络素养促进保护网。

2. 如何开展未成年人网络素养培育的工作？

未成年人网络素养培育工作任重而道远。未成年人文明用网、健康用网不仅需要学校与家庭的悉心指导与保护，也需要人民政府、网络服务提供者、网络产品提供者等主体的积极参与。青少年是网络使用的主力军，是网络环境的重要营造者，青少年的网络素养关系着整个网络环境的好坏，为此全社会都应当尽其所能，在自己的领域发光发热。2024年1月1日起实行的《未成年人网络保护条例》第二章"网络素养促进"的内容即系统地规定了各个主体在未成年人网络素养培育中应尽的义务。

国务院教育部门、县级以上人民政府、学校、社区、图书馆、文化馆、青少年宫等为未成年人提供互联网上网服务设施的场所，未成年人的监护人、网络平台服务提供者，按照法律的规定，应加强对未成年人网络素养的教育，改善上网条件，对未成年人使用软件等网络工具、浏览和利用网络信息进行指导。同时，国家鼓励和支持研发、生产和使用专门以未成年人为服务对象、适应未成年人身心健康发展规律和特点的网络保护软件、智能终端产品，并提供未成年人模式、未成年人专区等网络技术、产品、服务，加强网络无障碍环境建设和改造，促进未成年人开阔眼界、陶冶情操、提高素质。

3. 提升未成年人用网能力，学校和家庭应该做什么？

学校、家庭应当教育、引导未成年人参加有益身心健康的活动，科学、文明、安全、合理使用网络，预防和干预未成年人沉迷网络。对此，《未成年人网络保护条例》第十六条和第四十条分别规定了学校教育教学管理活动的相关规范以及对学校、对老师工作的指导内容。

学校的网络素养教育不可或缺。《未成年人网络保护条例》第十六条强调，学校应当将提高学生网络素养等内容纳入教育教学活动，并合理使用网络开展教学活动，建立健全学生在校期间上网的管理制度，依法规范管理未成年学生带入学校的智能终端产品，帮助学生养成良好上网习惯，培养学生网络安全和网络法治意识，增强学生对网络信息的获取和分析判断能力。同时，《未成年人网络保护条例》第四十条规定，学校应当加强对教师的指导和培训，提高教师对未成年学生沉迷网络的早期识别和干预能力。对于有沉迷网络倾向的未成年学生，学校应当及时告知其监护人，共同对未成年学生进行教育和引导，帮助其恢复正常的学习生活。

学校可以通过开设与提升网络素养相关的课程、讲座的方式帮助未成年人培养网络素养意识，老师们也可以在教学中多使用多媒体设备，在课堂上进行网络素养教育，帮助未成年人认识互联网、使用互联网。此外，学校也可以在教师培训和继续教育课程中增加网络素养模块，让老师们知道如何更好、更科学地帮助未成年人提升网络素养。

家庭中，父母的正确引导至关重要。父母或者其他监护人要树立家庭是第一个课堂、家长是第一任老师的责任意识,承担对未成年人实施家庭教育的主体责任,应用正确的思想、方法和行为教育未成年人养成良好思想、品行和习惯。家长们应当积极保护未成年人的网络权利,增强未成年人的网络使用能力。《未成年人网络保护条例》第十七条规定,未成年人的监护人要加强家庭家教家风建设,提高自身网络素养,规范自身使用网络的行为,加强对未成年人使用网络行为的教育、示范、引导和监督。同时在第三十三条规定,未成年人的监护人应当教育引导未成年人增强个人信息保护意识和能力、掌握个人信息范围、了解个人信息安全风险,指导未成年人行使其在个人信息处理活动中的查阅、复制、更正、补充、删除等权利,保护未成年人个人信息权益。《家庭教育促进法》也指出,未成年人的父母或其他监护人应关注未成年人心理健康,教导其珍爱生命,对其进行健康上网等方面的安全知识教育,帮助其掌握安全知识和技能,增强孩子们自我保护的意识和能力。

　　家长要尊重未成年人的认知特点与成长需求,从未成年人的思维与视角出发去选择网络育人的内容与方法。有的家长自己总玩手机和电脑,却不允许孩子玩;还有的家长不知道电子产品上的未成年人模式如何设置,反映出家长网络素养教育的缺失。部分孩子喜欢刷短视频,家长不妨借用短视频丰富的资源来给孩子做些引导,如启发孩子对阅读的兴趣,引导孩子关注新闻事件,培养孩子关心社会、关心世界的意识,为孩子寻找文化类内容,在互联网上感受中华优秀传统文化的魅力。

4. 在什么情况下法院会向家长发送家庭教育指导令？家长收到家庭教育指导令后该怎么做？

《家庭教育促进法》第四十九条规定："公安机关、人民检察院、人民法院在办理案件过程中，发现未成年人存在严重不良行为或者实施犯罪行为，或者未成年人的父母或者其他监护人不正确实施家庭教育侵害未成年人合法权益的，根据情况对父母或者其他监护人予以训诫，并可以责令其接受家庭教育指导。"从上述规定可以看出，在案件审理过程中，当法院发现未成年人在家庭教育中出现问题且这些问题与家长的教育方式或家庭环境有关，或者当未成年人涉及违法犯罪行为，且法院认为这与家长的教育和监护职责不到位有关时，会向家长发送家庭教育指导令。

作为家长，如果收到家庭教育指导令，应该认真对待并按照指导令的要求执行。具体来说，可以采取以下措施：（1）仔细阅读指导令的内容，了解法院对自己在家庭教育方面存在的问题和不足之处的具体要求。（2）根据指导令的要求，积极参加家庭教育相关的培训、讲座或课程，提升自己的教育理念和技能。（3）与孩子进行深入的沟通和交流，了解他们的需求和想法，建立良好的亲子关系。（4）改善家庭环境，营造和谐、温馨的家庭氛围，为孩子提供良好的成长环境。（5）如有必要，定期向法院报告自己的家庭教育进展情况和孩子的成长变化，以便法院了解指导令的执行情况。

5. 对于未成年人网络权益保护，互联网平台服务提供者应当履行哪些义务？

规范互联网平台服务，压实互联网平台责任，是未成年人网络保护工作中非常重要的一环。

网络服务提供者应当遵守法律、行政法规和国家有关规定，尊重社会公德，遵守商业道德，履行未成年人网络保护义务，承担社会责任，并积极接受政府和社会的监督，配合有关部门依法实施涉及未成年人网络保护工作的监督检查。

《未成年人网络保护条例》第二十条对未成年人用户数量巨大或者对未成年人群体具有显著影响的网络平台服务提供者的活动提出了要求：

一方面，在网络平台服务的设计、研发、运营等阶段，要充分考虑未成年人身心健康发展特点，定期开展未成年人网络保护影响评估；针对未成年人的心理、智力特点提供未成年人模式或者未成年人专区等，便利未成年人获取有益身心健康的平台内产品或者服务。

另一方面，网络服务平台提供者要按照国家规定，建立健全未成年人网络保护合规制度体系，成立主要由外部成员组成的独立机构，对未成年人网络保护情况进行监督；同时要每年发布专门的未成年人网络保护社会责任报告，接受社会监督；遵循公开、公平、公正的原则，制定专门的平台规则，明确平台内产品或者服务提供者的未成年人网络保护义务，并以显著方式提示未成年人用户享有的网络权利和遭受网络侵害的救济途径。

未履行上述义务，违反法律、行政法规严重侵害未成年人身心健康或者侵犯未成年人其他合法权益的网络服务提供者，应当停止提供服务并承担法律责任。

《未成年人网络保护条例》第四十三条针对目前对未成年人影响较大的网络游戏、网络直播等问题作出规定：网络游戏、网络直播、网络音视频、网络社交等网络服务提供者应当针对不同年龄阶段未成年人使用其服务的特点，坚持融合、友好、实用、有效的原则，设置未成年人模式，在使用时段、时长、功能和内容等方面按照国家有关规定和标准提供相应的服务，并以醒目便捷的方式为监护人履行监护职责提供时间管理、权限管理、消费管理等功能。

网络服务提供者要建立和完善适合未成年人的投诉、举报机制，及时处理涉及未成年人的网络违法行为和不良信息，对不良信息和违法内容及时下架，保护未成年人免受此类信息的污染。同时还要建立和完善未成年人用户注册、使用账号管理制度，防止未成年人沉迷网络。部分网络服务提供者还有必要设立未成年人专门服务通道，方便未成年人获取有益身心健康的信息和服务。网络游戏平台要推出升级防沉迷系统，推动从"青少年模式"升级转变为"未成年人模式"，全面保护未成年人的网络权益。

6. 提升用网能力，未成年人自身应当做什么？

未成年人要合理使用网络，遵守法律、行政法规的规定，在使用互联网进行交流、学习、娱乐的过程中注意保护自身权利。在有关权利受到侵害时，应当积极与监护人、学校和有关组织沟通并寻求法律救济。

未成年人在加强自己获取网络信息、利用网络工具的能力的同时，也要注意自身网络道德，文明用网，不得以侮辱、诽谤等方式侵害他人的名誉权，不得以刺探、侵扰、泄露、公开等方式侵害他人的隐私权。同时，未成年人在使用网络的过程中应当避免沉迷网络，以正确、积极的心态利用网络交流、学习，开阔眼界、陶冶情操、提高素质。

附录

未成年人网络保护条例

（2023年9月20日国务院第15次常务会议通过 2023年10月16日中华人民共和国国务院令第766号公布 自2024年1月1日起施行）

第一章 总 则

第一条 为了营造有利于未成年人身心健康的网络环境，保障未成年人合法权益，根据《中华人民共和国未成年人保护法》、《中华人民共和国网络安全法》、《中华人民共和国个人信息保护法》等法律，制定本条例。

第二条 未成年人网络保护工作应当坚持中国共产党的领导，坚持以社会主义核心价值观为引领，坚持最有利于未成年人的原则，适应未成年人身心健康发展和网络空间的规律和特点，实行社会共治。

第三条 国家网信部门负责统筹协调未成年人网络保护工作，并依据职责做好未成年人网络保护工作。

国家新闻出版、电影部门和国务院教育、电信、公安、民政、文化和旅游、卫生健康、市场监督管理、广播电视等有关部门依据各自职责做好未成年人网络保护工作。

县级以上地方人民政府及其有关部门依据各自职责做好未成年人网络保护工作。

第四条 共产主义青年团、妇女联合会、工会、残疾人联合会、关心下一代工作委员会、青年联合会、学生联合会、少年先锋队以及其他人民团体、有关社会组织、基层群众性自治组织，协助有关部门做好未成年人网络保护工作，维护未成年人合法权益。

第五条 学校、家庭应当教育引导未成年人参加有益身心健康的活动，科学、文明、安全、合理使用网络，预防和干预未成年人沉迷网络。

第六条 网络产品和服务提供者、个人信息处理者、智能终端产品制造者和销售者应当遵守法律、行政法规和国家有关规定，尊重社会公德，遵守商业道德，诚实信用，履行未成年人网络保护义务，承担社会责任。

第七条 网络产品和服务提供者、个人信息处理者、智能终端产品制造者和销售者应当接受政府和社会的监督，配合有关部门依法实施涉及未成年人网络保护工作的监督检查，建立便捷、合理、有效的投诉、举报渠道，通过显著方式公布投诉、举报途径和方法，及时受理并处理公众投诉、举报。

第八条 任何组织和个人发现违反本条例规定的，可以向网信、新闻出版、电影、教育、电信、公安、民政、文化和旅游、卫生健康、市场监督管理、广播电视等有关部门投诉、举报。收到投诉、举报的部门应当及时依法作出处理；不属于本部门职责的，应当及时移送有权处理的部门。

第九条 网络相关行业组织应当加强行业自律，制定未成年人网络保护相关行业规范，指导会员履行未成年人网络保护义务，加强对未成年人的网络保护。

第十条 新闻媒体应当通过新闻报道、专题栏目（节目）、公益广告等方式，开展未成年人网络保护法律法规、政策措施、典型案例和有关知识的宣传，对侵犯未成年人合法权益的行为进行舆论监督，引导全社会共同参与未成年人网络保护。

第十一条　国家鼓励和支持在未成年人网络保护领域加强科学研究和人才培养，开展国际交流与合作。

第十二条　对在未成年人网络保护工作中作出突出贡献的组织和个人，按照国家有关规定给予表彰和奖励。

第二章　网络素养促进

第十三条　国务院教育部门应当将网络素养教育纳入学校素质教育内容，并会同国家网信部门制定未成年人网络素养测评指标。

教育部门应当指导、支持学校开展未成年人网络素养教育，围绕网络道德意识形成、网络法治观念培养、网络使用能力建设、人身财产安全保护等，培育未成年人网络安全意识、文明素养、行为习惯和防护技能。

第十四条　县级以上人民政府应当科学规划、合理布局，促进公益性上网服务均衡协调发展，加强提供公益性上网服务的公共文化设施建设，改善未成年人上网条件。

县级以上地方人民政府应当通过为中小学校配备具有相应专业能力的指导教师、政府购买服务或者鼓励中小学校自行采购相关服务等方式，为学生提供优质的网络素养教育课程。

第十五条　学校、社区、图书馆、文化馆、青少年宫等场所为未成年人提供互联网上网服务设施的，应当通过安排专业人员、招募志愿者等方式，以及安装未成年人网络保护软件或者采取其他安全保护技术措施，为未成年人提供上网指导和安全、健康的上网环境。

第十六条　学校应当将提高学生网络素养等内容纳入教育教学活动，并合理使用网络开展教学活动，建立健全学生在校期间上网的管理制度，依法规范管理未成年学生带入学校的智能终端产品，帮助学生养成良好上网习惯，培养学生网络安全和网络法治意识，增强学生对网络信息的获取和分析判断能力。

第十七条 未成年人的监护人应当加强家庭家教家风建设，提高自身网络素养，规范自身使用网络的行为，加强对未成年人使用网络行为的教育、示范、引导和监督。

第十八条 国家鼓励和支持研发、生产和使用专门以未成年人为服务对象、适应未成年人身心健康发展规律和特点的网络保护软件、智能终端产品和未成年人模式、未成年人专区等网络技术、产品、服务，加强网络无障碍环境建设和改造，促进未成年人开阔眼界、陶冶情操、提高素质。

第十九条 未成年人网络保护软件、专门供未成年人使用的智能终端产品应当具有有效识别违法信息和可能影响未成年人身心健康的信息、保护未成年人个人信息权益、预防未成年人沉迷网络、便于监护人履行监护职责等功能。

国家网信部门会同国务院有关部门根据未成年人网络保护工作的需要，明确未成年人网络保护软件、专门供未成年人使用的智能终端产品的相关技术标准或者要求，指导监督网络相关行业组织按照有关技术标准和要求对未成年人网络保护软件、专门供未成年人使用的智能终端产品的使用效果进行评估。

智能终端产品制造者应当在产品出厂前安装未成年人网络保护软件，或者采用显著方式告知用户安装渠道和方法。智能终端产品销售者在产品销售前应当采用显著方式告知用户安装未成年人网络保护软件的情况以及安装渠道和方法。

未成年人的监护人应当合理使用并指导未成年人使用网络保护软件、智能终端产品等，创造良好的网络使用家庭环境。

第二十条 未成年人用户数量巨大或者对未成年人群体具有显著影响的网络平台服务提供者，应当履行下列义务：

（一）在网络平台服务的设计、研发、运营等阶段，充分考虑未成年人身心健康发展特点，定期开展未成年人网络保护影响评估；

（二）提供未成年人模式或者未成年人专区等，便利未成年人获取有益身心健康的平台内产品或者服务；

（三）按照国家规定建立健全未成年人网络保护合规制度体系，成立主要由外部成员组成的独立机构，对未成年人网络保护情况进行监督；

（四）遵循公开、公平、公正的原则，制定专门的平台规则，明确平台内产品或者服务提供者的未成年人网络保护义务，并以显著方式提示未成年人用户依法享有的网络保护权利和遭受网络侵害的救济途径；

（五）对违反法律、行政法规严重侵害未成年人身心健康或者侵犯未成年人其他合法权益的平台内产品或者服务提供者，停止提供服务；

（六）每年发布专门的未成年人网络保护社会责任报告，并接受社会监督。

前款所称的未成年人用户数量巨大或者对未成年人群体具有显著影响的网络平台服务提供者的具体认定办法，由国家网信部门会同有关部门另行制定。

第三章　网络信息内容规范

第二十一条 国家鼓励和支持制作、复制、发布、传播弘扬社会主义核心价值观和社会主义先进文化、革命文化、中华优秀传统文化，铸牢中华民族共同体意识，培养未成年人家国情怀和良好品德，引导未成年人养成良好生活习惯和行为习惯等的网络信息，营造有利于未成年人健康成长的清朗网络空间和良好网络生态。

第二十二条　任何组织和个人不得制作、复制、发布、传播含有宣扬淫秽、色情、暴力、邪教、迷信、赌博、引诱自残自杀、恐怖主义、分裂主义、极端主义等危害未成年人身心健康内容的网络信息。

任何组织和个人不得制作、复制、发布、传播或者持有有关未成年人的淫秽色情网络信息。

第二十三条　网络产品和服务中含有可能引发或者诱导未成年人模仿不安全行为、实施违反社会公德行为、产生极端情绪、养成不良嗜好等可能影响未成年人身心健康的信息的，制作、复制、发布、传播该信息的组织和个人应当在信息展示前予以显著提示。

国家网信部门会同国家新闻出版、电影部门和国务院教育、电信、公安、文化和旅游、广播电视等部门，在前款规定基础上确定可能影响未成年人身心健康的信息的具体种类、范围、判断标准和提示办法。

第二十四条　任何组织和个人不得在专门以未成年人为服务对象的网络产品和服务中制作、复制、发布、传播本条例第二十三条第一款规定的可能影响未成年人身心健康的信息。

网络产品和服务提供者不得在首页首屏、弹窗、热搜等处于产品或者服务醒目位置、易引起用户关注的重点环节呈现本条例第二十三条第一款规定的可能影响未成年人身心健康的信息。

网络产品和服务提供者不得通过自动化决策方式向未成年人进行商业营销。

第二十五条　任何组织和个人不得向未成年人发送、推送或者诱骗、强迫未成年人接触含有危害或者可能影响未成年人身心健康内容的网络信息。

第二十六条　任何组织和个人不得通过网络以文字、图片、音视频等形式，对未成年人实施侮辱、诽谤、威胁或者恶意损害形象等网络欺凌行为。

网络产品和服务提供者应当建立健全网络欺凌行为的预警预防、识别监测和处置机制，设置便利未成年人及其监护人保存遭受网络欺凌记录、行使通知权利的功能、渠道，提供便利未成年人设置屏蔽陌生用户、本人发布信息可见范围、禁止转载或者评论本人发布信息、禁止向本人发送信息等网络欺凌信息防护选项。

网络产品和服务提供者应当建立健全网络欺凌信息特征库，优化相关算法模型，采用人工智能、大数据等技术手段和人工审核相结合的方式加强对网络欺凌信息的识别监测。

第二十七条　任何组织和个人不得通过网络以文字、图片、音视频等形式，组织、教唆、胁迫、引诱、欺骗、帮助未成年人实施违法犯罪行为。

第二十八条　以未成年人为服务对象的在线教育网络产品和服务提供者，应当按照法律、行政法规和国家有关规定，根据不同年龄阶段未成年人身心发展特点和认知能力提供相应的产品和服务。

第二十九条　网络产品和服务提供者应当加强对用户发布信息的管理，采取有效措施防止制作、复制、发布、传播违反本条例第二十二条、第二十四条、第二十五条、第二十六条第一款、第二十七条规定的信息，发现违反上述条款规定的信息的，应当立即停止传输相关信息，采取删除、屏蔽、断开链接等处置措施，防止信息扩散，保存有关记录，向网信、公安等部门报告，并对制作、复制、发布、传播上述信息的用户采取警示、限制功能、暂停服务、关闭账号等处置措施。

网络产品和服务提供者发现用户发布、传播本条例第二十三条第一款规定的信息未予显著提示的，应当作出提示或者通知用户予以提示；未作出提示的，不得传输该信息。

第三十条 国家网信、新闻出版、电影部门和国务院教育、电信、公安、文化和旅游、广播电视等部门发现违反本条例第二十二条、第二十四条、第二十五条、第二十六条第一款、第二十七条规定的信息的，或者发现本条例第二十三条第一款规定的信息未予显著提示的，应当要求网络产品和服务提供者按照本条例第二十九条的规定予以处理；对来源于境外的上述信息，应当依法通知有关机构采取技术措施和其他必要措施阻断传播。

第四章　个人信息网络保护

第三十一条 网络服务提供者为未成年人提供信息发布、即时通讯等服务的，应当依法要求未成年人或者其监护人提供未成年人真实身份信息。未成年人或者其监护人不提供未成年人真实身份信息的，网络服务提供者不得为未成年人提供相关服务。

网络直播服务提供者应当建立网络直播发布者真实身份信息动态核验机制，不得向不符合法律规定情形的未成年人用户提供网络直播发布服务。

第三十二条 个人信息处理者应当严格遵守国家网信部门和有关部门关于网络产品和服务必要个人信息范围的规定，不得强制要求未成年人或者其监护人同意非必要的个人信息处理行为，不得因为未成年人或者其监护人不同意处理未成年人非必要个人信息或者撤回同意，拒绝未成年人使用其基本功能服务。

第三十三条 未成年人的监护人应当教育引导未成年人增强个人

信息保护意识和能力、掌握个人信息范围、了解个人信息安全风险，指导未成年人行使其在个人信息处理活动中的查阅、复制、更正、补充、删除等权利，保护未成年人个人信息权益。

第三十四条　未成年人或者其监护人依法请求查阅、复制、更正、补充、删除未成年人个人信息的，个人信息处理者应当遵守以下规定：

（一）提供便捷的支持未成年人或者其监护人查阅未成年人个人信息种类、数量等的方法和途径，不得对未成年人或者其监护人的合理请求进行限制；

（二）提供便捷的支持未成年人或者其监护人复制、更正、补充、删除未成年人个人信息的功能，不得设置不合理条件；

（三）及时受理并处理未成年人或者其监护人查阅、复制、更正、补充、删除未成年人个人信息的申请，拒绝未成年人或者其监护人行使权利的请求的，应当书面告知申请人并说明理由。

对未成年人或者其监护人依法提出的转移未成年人个人信息的请求，符合国家网信部门规定条件的，个人信息处理者应当提供转移的途径。

第三十五条　发生或者可能发生未成年人个人信息泄露、篡改、丢失的，个人信息处理者应当立即启动个人信息安全事件应急预案，采取补救措施，及时向网信等部门报告，并按照国家有关规定将事件情况以邮件、信函、电话、信息推送等方式告知受影响的未成年人及其监护人。

个人信息处理者难以逐一告知的，应当采取合理、有效的方式及时发布相关警示信息，法律、行政法规另有规定的除外。

第三十六条　个人信息处理者对其工作人员应当以最小授权为原则，严格设定信息访问权限，控制未成年人个人信息知悉范围。工作人员访问未成年人个人信息的，应当经过相关负责人或者其授权的管理人员审批，记录访问情况，并采取技术措施，避免违法处理未成年人个人信息。

第三十七条　个人信息处理者应当自行或者委托专业机构每年对其处理未成年人个人信息遵守法律、行政法规的情况进行合规审计，并将审计情况及时报告网信等部门。

第三十八条　网络服务提供者发现未成年人私密信息或者未成年人通过网络发布的个人信息中涉及私密信息的，应当及时提示，并采取停止传输等必要保护措施，防止信息扩散。

网络服务提供者通过未成年人私密信息发现未成年人可能遭受侵害的，应当立即采取必要措施保存有关记录，并向公安机关报告。

第五章　网络沉迷防治

第三十九条　对未成年人沉迷网络进行预防和干预，应当遵守法律、行政法规和国家有关规定。

教育、卫生健康、市场监督管理等部门依据各自职责对从事未成年人沉迷网络预防和干预活动的机构实施监督管理。

第四十条　学校应当加强对教师的指导和培训，提高教师对未成年学生沉迷网络的早期识别和干预能力。对于有沉迷网络倾向的未成年学生，学校应当及时告知其监护人，共同对未成年学生进行教育和引导，帮助其恢复正常的学习生活。

第四十一条　未成年人的监护人应当指导未成年人安全合理使用网络，关注未成年人上网情况以及相关生理状况、心理状况、行为习惯，防范未成年人接触危害或者可能影响其身心健康的网络信息，合理安排未成年人使用网络的时间，预防和干预未成年人沉迷网络。

第四十二条　网络产品和服务提供者应当建立健全防沉迷制度，不得向未成年人提供诱导其沉迷的产品和服务，及时修改可能造成未成年人沉迷的内容、功能和规则，并每年向社会公布防沉迷工作情况，接受社会监督。

第四十三条　网络游戏、网络直播、网络音视频、网络社交等网络服务提供者应当针对不同年龄阶段未成年人使用其服务的特点，坚持融合、友好、实用、有效的原则，设置未成年人模式，在使用时段、时长、功能和内容等方面按照国家有关规定和标准提供相应的服务，并以醒目便捷的方式为监护人履行监护职责提供时间管理、权限管理、消费管理等功能。

第四十四条　网络游戏、网络直播、网络音视频、网络社交等网络服务提供者应当采取措施，合理限制不同年龄阶段未成年人在使用其服务中的单次消费数额和单日累计消费数额，不得向未成年人提供与其民事行为能力不符的付费服务。

第四十五条　网络游戏、网络直播、网络音视频、网络社交等网络服务提供者应当采取措施，防范和抵制流量至上等不良价值倾向，不得设置以应援集资、投票打榜、刷量控评等为主题的网络社区、群组、话题，不得诱导未成年人参与应援集资、投票打榜、刷量控评等网络活动，并预防和制止其用户诱导未成年人实施上述行为。

第四十六条　网络游戏服务提供者应当通过统一的未成年人网络游戏电子身份认证系统等必要手段验证未成年人用户真实身份信息。

网络产品和服务提供者不得为未成年人提供游戏账号租售服务。

第四十七条　网络游戏服务提供者应当建立、完善预防未成年人沉迷网络的游戏规则，避免未成年人接触可能影响其身心健康的游戏内容或者游戏功能。

网络游戏服务提供者应当落实适龄提示要求，根据不同年龄阶段未成年人身心发展特点和认知能力，通过评估游戏产品的类型、内容与功能等要素，对游戏产品进行分类，明确游戏产品适合的未成年人用户年龄阶段，并在用户下载、注册、登录界面等位置予以显著提示。

第四十八条 新闻出版、教育、卫生健康、文化和旅游、广播电视、网信等部门应当定期开展预防未成年人沉迷网络的宣传教育，监督检查网络产品和服务提供者履行预防未成年人沉迷网络义务的情况，指导家庭、学校、社会组织互相配合，采取科学、合理的方式对未成年人沉迷网络进行预防和干预。

国家新闻出版部门牵头组织开展未成年人沉迷网络游戏防治工作，会同有关部门制定关于向未成年人提供网络游戏服务的时段、时长、消费上限等管理规定。

卫生健康、教育等部门依据各自职责指导有关医疗卫生机构、高等学校等，开展未成年人沉迷网络所致精神障碍和心理行为问题的基础研究和筛查评估、诊断、预防、干预等应用研究。

第四十九条 严禁任何组织和个人以虐待、胁迫等侵害未成年人身心健康的方式干预未成年人沉迷网络、侵犯未成年人合法权益。

第六章　法律责任

第五十条 地方各级人民政府和县级以上有关部门违反本条例规定，不履行未成年人网络保护职责的，由其上级机关责令改正；拒不改正或者情节严重的，对负有责任的领导人员和直接责任人员依法给予处分。

第五十一条 学校、社区、图书馆、文化馆、青少年宫等违反本条例规定，不履行未成年人网络保护职责的，由教育、文化和旅游等部门依据各自职责责令改正；拒不改正或者情节严重的，对负有责任的领导人员和直接责任人员依法给予处分。

第五十二条　未成年人的监护人不履行本条例规定的监护职责或者侵犯未成年人合法权益的，由未成年人居住地的居民委员会、村民委员会、妇女联合会，监护人所在单位，中小学校、幼儿园等有关密切接触未成年人的单位依法予以批评教育、劝诫制止、督促其接受家庭教育指导等。

第五十三条　违反本条例第七条、第十九条第三款、第三十八条第二款规定的，由网信、新闻出版、电影、教育、电信、公安、民政、文化和旅游、市场监督管理、广播电视等部门依据各自职责责令改正；拒不改正或者情节严重的，处5万元以上50万元以下罚款，对直接负责的主管人员和其他直接责任人员处1万元以上10万元以下罚款。

第五十四条　违反本条例第二十条第一款规定的，由网信、新闻出版、电信、公安、文化和旅游、广播电视等部门依据各自职责责令改正，给予警告，没收违法所得；拒不改正的，并处100万元以下罚款，对直接负责的主管人员和其他直接责任人员处1万元以上10万元以下罚款。

违反本条例第二十条第一款第一项和第五项规定，情节严重的，由省级以上网信、新闻出版、电信、公安、文化和旅游、广播电视等部门依据各自职责责令改正，没收违法所得，并处5000万元以下或者上一年度营业额百分之五以下罚款，并可以责令暂停相关业务或者停业整顿、通报有关部门依法吊销相关业务许可证或者吊销营业执照；对直接负责的主管人员和其他直接责任人员处10万元以上100万元以下罚款，并可以决定禁止其在一定期限内担任相关企业的董事、监事、高级管理人员和未成年人保护负责人。

第五十五条 违反本条例第二十四条、第二十五条规定的，由网信、新闻出版、电影、电信、公安、文化和旅游、市场监督管理、广播电视等部门依据各自职责责令限期改正，给予警告，没收违法所得，可以并处10万元以下罚款；拒不改正或者情节严重的，责令暂停相关业务、停产停业或者吊销相关业务许可证、吊销营业执照，违法所得100万元以上的，并处违法所得1倍以上10倍以下罚款，没有违法所得或者违法所得不足100万元的，并处10万元以上100万元以下罚款。

第五十六条 违反本条例第二十六条第二款和第三款、第二十八条、第二十九条第一款、第三十一条第二款、第三十六条、第三十八条第一款、第四十二条至第四十五条、第四十六条第二款、第四十七条规定的，由网信、新闻出版、电影、教育、电信、公安、文化和旅游、广播电视等部门依据各自职责责令改正，给予警告，没收违法所得，违法所得100万元以上的，并处违法所得1倍以上10倍以下罚款，没有违法所得或者违法所得不足100万元的，并处10万元以上100万元以下罚款，对直接负责的主管人员和其他直接责任人员处1万元以上10万元以下罚款；拒不改正或者情节严重的，并可以责令暂停相关业务、停业整顿、关闭网站、吊销相关业务许可证或者吊销营业执照。

第五十七条 网络产品和服务提供者违反本条例规定，受到关闭网站、吊销相关业务许可证或者吊销营业执照处罚的，5年内不得重新申请相关许可，其直接负责的主管人员和其他直接责任人员5年内不得从事同类网络产品和服务业务。

第五十八条 违反本条例规定，侵犯未成年人合法权益，给未成年人造成损害的，依法承担民事责任；构成违反治安管理行为的，依法给予治安管理处罚；构成犯罪的，依法追究刑事责任。

第七章　附　　则

第五十九条　本条例所称智能终端产品，是指可以接入网络、具有操作系统、能够由用户自行安装应用软件的手机、计算机等网络终端产品。

第六十条　本条例自 2024 年 1 月 1 日起施行。

图书在版编目（CIP）数据

未成年人网络保护指南：彩图案例版 / 北京互联网法院编著 .—— 北京：中国法制出版社，2024.6

ISBN 978-7-5216-4525-5

Ⅰ.①未… Ⅱ.①北… Ⅲ.①未成年人网络保护条例－中国－指南 Ⅳ.① D922.7-62

中国国家版本馆 CIP 数据核字（2024）第 100476 号

责任编辑：王佩琳（wangpeilin@zgfzs.com）　　　　　　　　　封面设计：周黎明
插　　图：快手

未成年人网络保护指南：彩图案例版
WEICHENGNIANREN WANGLUO BAOHU ZHINAN: CAITU ANLI BAN

经销 / 新华书店
印刷 / 三河市紫恒印装有限公司
开本 / 710 毫米 ×1000 毫米　16 开　　　　　　印张 / 9.75　字数 / 53 千
版次 / 2024 年 6 月第 1 版　　　　　　　　　　　2024 年 6 月第 1 次印刷

中国法制出版社出版
书号 ISBN 978-7-5216-4525-5　　　　　　　　　　　　　　　定价：39.80 元

北京市西城区西便门西里甲 16 号西便门办公区
邮政编码：100053
　　　　　　　　　　　　　　　　　　　　　　　　传真：010-63141600
网址：http://www.zgfzs.com
　　　　　　　　　　　　　　　　　　　　　　　　编辑部电话：010-63141801
市场营销部电话：010-63141612
　　　　　　　　　　　　　　　　　　　　　　　　印务部电话：010-63141606

（如有印装质量问题，请与本社印务部联系。）